poética

ana cristina cesar

poética

9ª reimpressão

Companhia Das Letras

Grafia atualizada segundo o Acordo Ortográfico da Língua Portuguesa de 1990, que entrou em vigor no Brasil em 2009.

Curadoria editorial
Armando Freitas Filho

Capa e projeto gráfico
Elisa von Randow

Foto da capa
Cecilia Leal/ Coleção Ana Cristina Cesar/ Acervo Instituto Moreira Salles

Estabelecimento de texto e pesquisa de inéditos
Mariano Marovatto

Preparação
Julia de Souza

Revisão
Marina Nogueira
Carmen T. S. Costa

Índice de títulos e primeiros versos
Probo Poletti

Dados Internacionais de Catalogação na Publicação (CIP)
(Câmara Brasileira do Livro, SP, Brasil)

Cesar, Ana Cristina, 1952-1983.
Poética / Ana Cristina Cesar. — 1ª ed. — São Paulo : Companhia das Letras, 2013.

ISBN 978-85-359-2362-9

1. Poesia brasileira 2. Poética I. Título.

13-11031 CDD-869.91

Índice para catálogo sistemático:
1. Poesia : Literatura brasileira 869.91

EDITORA SCHWARCZ S.A.
Rua Bandeira Paulista, 702, cj. 32
04532-002 — São Paulo — SP
Telefone: (11) 3707-3500
www.companhiadasletras.com.br
www.blogdacompanhia.com.br
facebook.com/companhiadasletras
instagram.com/companhiadasletras
twitter.com/cialetras

sumário

ana cristina cruz cesar,
ana cristina cesar,
ana cristina c.,
ana c.,
ana

ANA CRISTINA CESAR MORREU há trinta anos. E está cada vez mais viva, vivíssima neste volume que devolve à circulação seus livros de prosa/poesia, em grande estilo para os novos leitores (mesmo os mais antigos se renovam nas releituras) que estão chegando ao seu encalço. Ao encalço de sua ousadia e originalidade das quais ouviram falar no boca a boca, que costuma ser o primeiro veículo, muito apropriado aliás para a revelação da boa poesia, sempre insurgente, com uma cor inesperada e não percebida até aquele instante.

Em *Cenas de abril*, de 1979, uma poesia tocante e pungente apareceu como que escrita não nas linhas, mas nas entrelinhas dos sentidos. O acaso da construção alterava a estrutura esperada do poema. O livro de estreia era magro e, na aparência, insuficiente para matar a fome de quem o lia e relia, a princípio curioso com os enigmas de uma poética densa que exigia uma leitura refletida, mastigada: nem todos os enigmas se resolviam, pois quem disse que tudo tem solução?

Não é estranho para a poesia lidar com esse desentendimento inicial, quando é, senão inovadora, diferente das outras, ou da outra que estava em uso naquela quadra do tempo. O que era corrente era um poema que retomava um viés do modernismo brasileiro: o poema-minuto, de revelação instantânea como uma foto polaroide, ou o poema-piada, que tinha forte coloração oswaldiana. De repente, como que andando na contramão da sua geração, de braço dado com ela em alguns costumes, mas escrevendo com mão diferente um texto cuja mancha gráfica incorporava sem cerimônia a prosa, Ana Cristina apareceu — esfinge clara e singular — sem temer a rejeição, procurando outro leitor e propondo uma nova leitura em nada complacente, muito pelo contrário, uma leitura desafiada.

A sensação que se tinha ou a reação sentida é que sua escrita, além de interpelar-se, interpelava quem lia, transformando o leitor, até certo ponto, em seu interlocutor, pois o que era dito confidencialmente se abria para todos sem se entregar por completo, não por mero capricho, mas sim porque o que era dito era irresoluto por natureza. Podiam ter vontade, os que a conheciam de perto ou de longe, em casa ou na praia, de perguntar-lhe: "Afinal, este sou eu?" "Isto foi o que eu senti naquele dia em que falamos no telefone?". Nem Ana Cristina poderia responder com toda a certeza: a vida de sua poética se equilibrava precariamente num fio trançado pelo instinto e pela intenção, daí resultando uma composição a todo risco que se rompia sem maiores explicações. Mas essa queda não calculada, quando ocorria, fazia parte do seu surpreendido acabamento.

Cenas de abril teve tiragem pequena e sofisticada, com direito a escolha de três cores para as capas: creme, gelo e azul. Eram sóbrias, clássicas: o nome da autora por extenso ao alto, o título logo em seguida, e depois, como ilustração, lá embaixo, algo atraía o olhar, quebrava a seriedade, introduzindo sutilmente surpresa ou inquietude: a vinheta de uma formação botânica que lembrava o aparelho genital feminino. Essa junção de pudor e provocação era uma das marcas de seu estilo, de ser e de escrever:

Noite de Natal.
Estou bonita que é um desperdício.
Não sinto nada
Não sinto nada, mamãe
Esqueci
Menti de dia
Antigamente eu sabia escrever
Hoje beijo os pacientes na entrada e na saída
com desvelo técnico.
Freud e eu brigamos muito.
Irene no céu desmente: deixou de
trepar aos 45 anos
Entretanto sou moça
estreando um bico fino que anda feio,
pisa mais que deve,
me leva indesejável pra perto das
botas pretas
pudera

No livro seguinte, *Correspondência completa*, a poeta se abreviou ou se mascarou como Ana Cristina C., "singular e anônima" como tão bem definiu Silviano Santiago, em ensaio seminal sobre sua poesia. Uma tentativa talvez, de criar ao menos um vínculo, por mais epidérmico que fosse, com alguns dos seus companheiros de geração que costumavam assinar a autoria com apelidos sem pompa nem circunstância.

O livreto minúsculo, em formato e duração, de 1979, é composto de uma só carta, de Júlia para alguém que não é nomeado, tendo como "personagens confessos", tirados da vida real, Mary e Gil, e traz como indicação bibliográfica "2ª edição".

Não custa imaginar a aflição de um obsessivo colecionador de livros raros procurando a 1ª edição em todos os sebos do mundo. Esse exercício é humorístico e lúdico. Na passagem abaixo, questões de sua poética, como a interlocução com o leitor e o jogo de esconde-esconde biográfico, são ficcionalizados:

> *Fica difícil fazer literatura tendo Gil como leitor. Ele lê para desvendar mistérios e faz perguntas capciosas, pensando que cada verso oculta sintomas, segredos biográficos. Não perdoa o hermetismo. Não se confessa os próprios sentimentos. Já Mary me lê toda como literatura pura, e não entende as referências diretas.*

Talvez o humor seja mais sentido por quem inspirou Mary e Gil ao ler a interpretação da crítica acerca dessa carta. Para eles, seguramente, a história é outra, mas a leitura que a crítica faz é tão verdadeira quanto, o que põe em relevo uma característica que era própria de Ana Cristina: a construção de uma trança muito bem-feita com fios de conversa verdadeira e linhas de prosa/poesia inventadas.

Luvas de pelica são inglesas, de 1980. O livro é assinado por Ana Cristina C. A capa reproduz um desenho de Bia Wouk de uma figura feminina que o tempo esmaeceu, na reprodução e fora dela. É a impressão que dá, devido ao sentimento de perda, melancolia e desnorteio que encontramos na narrativa. Neste volume, o antigo desejo de escrever um romance, que chegou a ser esboçado n'"O Livro" (uma das seções de *Antigos e soltos*) dá seu primeiro passo através de um texto híbrido, flutuante, mal saído do rascunho, que conjuga com perfeição o poema, a prosa, o diário, a carta, a anotação para ser usada ou não, pitadas de ensaio, num verdadeiro *mélange adultère de tout*, como dizia Corbière:

Fico quieta.
Não escrevo mais. Estou desenhando numa vila que não me pertence.
Não penso na partida. Meus garranchos são hoje e se acabaram.
"Como todo mundo, comecei a fotografar as pessoas à minha volta, nas cadeiras da varanda."
Perdi um trem. Não consigo contar a história completa. Você mandou perguntar detalhes (eu ainda acho que a pergunta era daquelas cansadas de fim de noite, era eu que estava longe) mas não falo, não porque minha boca esteja dura. Nem a ironia nem o fogo cruzado.
Tenho medo de perder este silêncio.
Vamos sair? Vamos andar no jardim? Por que você me trouxe aqui para dentro deste quarto?
Quando você morrer os caderninhos vão todos para a vitrine da exposição póstuma. Relíquias.
Ele me diz com o ar um pouco mimado que a arte é aquilo que ajuda a escapar da inércia.
Outra vez os olhos.
Os dele produzem uma indiferença quando ele me conta o que é a arte.
Estou te dizendo isso há oito dias. Aprendo a focar em pleno parque. Imagino a onipotência dos fotógrafos escrutinando por trás do visor, invisíveis como Deus. Eu não sei focar ali no jardim, sobre a linha do seu rosto, mesmo que seja por displicência estudada, a mulher difícil que não se abandona para trás, para trás, palavras escapando, sem nada que volte e retoque e complete.
Explico mais ainda: falar não me tira da pauta; vou passar a desenhar; para sair da pauta.

Ana Cristina Cesar, por extenso novamente, na sua estreia em editora, voltou como autora assumida à sua assinatura oficial, sem dissimulações à la *F for Fake*, filme de Orson Welles que adorava. Eliminou a abreviatura, tirou a máscara dos óculos escuros, recuperando sua identidade como poeta sem disfarces, e publicou *A teus pés*, em 1982. O volume se inicia com uma coletânea inédita que dá título ao livro e reúne os anteriores revistos. O aspecto "caseiro" das edições independentes é suprimido: a "Equipe do coração" no colofão de *Cenas de abril* e a "2ª edição" de *Correspondência completa* desaparecem. No primeiro caso, fica a ficha técnica pura e simples, sem "coração", e no segundo, some o registro bibliográfico falso da edição princeps, que poderia continuar por ser verdadeira, então. Há ainda um índice onomástico dos autores abduzidos por ela, sem nenhuma consideração: era uma pista, mais do que uma confissão ou dedicatórias. Quem os localizasse no tecido do texto, muito bem, quem passasse batido poderia ler sem essa chave ou senha, com o mesmo proveito.

Perto de fazer trinta anos de vida, ela pareceu sentir o mesmo que é expresso na frase em *off* na voz do próprio Godard, com a mesma idade, dizendo no começo do seu segundo longa-metragem *Le Petit Soldat*: "O tempo da ação passou; começa o tempo da reflexão".

Assim como *Luvas de pelica* ensaiava o romance sempre pretendido, *A teus pés* procurava o poema longo e desviante da prática geral. Ele pode ser visto dando largas passadas em "Trilha sonora ao fundo...", "Travelling", "Fogo do final", este último se assemelhando à pegada das *Luvas*. Ao mesmo tempo, traz dois poemas curtos que são uma lição de como conjugar brevidade e permanência:

Preciso voltar e olhar de novo aqueles dois quartos vazios.

cartilha da cura

As mulheres e as crianças são as primeiras que desistem de afundar navios.

Depois disso, tudo foi póstumo sem a sua mão ordenadora. *Inéditos e dispersos*, arrancado de quatro caixas de papelão deixadas aqui em casa por seus pais atendendo à ordem expressa dela e *Antigos e soltos*, descoberto a posteriori e organizado com esmero e sabedoria por Viviana Bosi. Seus textos de ensaio, crítica, tradução, dissertações acadêmicas, correspondência que venham a ser publicados depois completarão a obra, sempre incompleta.

No fim desta apresentação, nada como lembrar da primeira vez que a vi, em meados dos anos 1970:

ponte e alumbramento*

Sua primeira aparição
foi na ponte do pátio da primavera
revelado em nítido p/b.
Só você estava em tecnicolor.
A partir da sua tez, da sua roupa
do olhar azul inquiridor
todas as cores se concentraram
na sua figura e no seu tênis fúcsia.

Armando Freitas Filho
Rio de Janeiro, agosto de 2013

* O poema integra o livro *Dever*, de Armando Freitas Filho, publicado pela Companhia das Letras em 2013. (N. E.)

nota do editor

O texto e as quebras de verso foram estabelecidos de acordo com a última revisão feita pela autora em vida. Os textos em prosa entraram de forma corrida e justificados. Mantivemos as páginas de crédito das edições originais. Optamos por reproduzir os livros em ordem cronológica; *Cenas de abril*, *Correspondência completa* e *Luvas de pelica* constavam ao final de *A teus pés*, mas entram aqui em sua forma independente.

Ana Cristina Cesar

Cenas de Abril

poesia

[1979]

Créditos da edição original

CENAS DE ABRIL

Equipe do coração
Luiz Olavo Fontes (produção)
Heloisa Buarque de Hollanda (visual e capa)
Sergio Liuzzi (arte final)
Armando Freitas Filho
Paulo Venâncio Filho

Impresso na Cia. Brasileira
de Artes Gráficas
junho/julho de 1979

recuperação da adolescência

é sempre mais difícil
ancorar um navio no espaço

primeira lição

Os gêneros de poesia são: lírico, satírico, didático, épico, ligeiro.
O gênero lírico compreende o lirismo.
Lirismo é a tradução de um sentimento subjetivo, sincero e pessoal.
É a linguagem do coração, do amor.
O lirismo é assim denominado porque em outros tempos os versos sentimentais eram declamados ao som da *lira*.
O lirismo pode ser:
a) Elegíaco, quando trata de assuntos tristes, quase sempre a morte.
b) Bucólico, quando versa sobre assuntos campestres.
c) Erótico, quando versa sobre o amor.
O lirismo elegíaco compreende a elegia, a nênia, a endecha, o epitáfio e o epicédio.
Elegia é uma poesia que trata de assuntos tristes.
Nênia é uma poesia em homenagem a uma pessoa morta.
Era declamada junto à fogueira onde o cadáver era incinerado.
Endecha é uma poesia que revela as dores do coração.
Epitáfio é um pequeno verso gravado em pedras tumulares.
Epicédio é uma poesia onde o poeta relata a vida de uma pessoa morta.

olho muito tempo o corpo de um poema
até perder de vista o que não seja corpo
e sentir separado dentre os dentes
um filete de sangue
nas gengivas

casablanca

Te acalma, minha loucura!
Veste galochas nos teus cílios tontos e habitados!
Este som de serra de afiar as facas
não chegará nem perto do teu canteiro de taquicardias...
Estas molas a gemer no quarto ao lado
Roberto Carlos a gemer nas curvas da Bahia
O cheiro inebriante dos cabelos na fila em frente no cinema...
As chaminés espumam pros meus olhos
As hélices do adeus despertam pros meus olhos
Os tamancos e os sinos me acordam depressa na madrugada
[feita de binóculos de gávea
e chuveirinhos de bidê que escuto rígida nos lençóis de pano

final de uma ode

Acontece assim: tiro as pernas do balcão de onde via um sol de inverno se pondo no Tejo e saio de fininho dolorosamente dobradas as costas e segurando o queixo e a boca com uma das mãos. Sacudo a cabeça e o tronco incontrolavelmente, mas de maneira curta, curta, entendem? Eu estava dando gargalhadinhas e agora estou sofrendo nosso próximo falecimento, minhas gargalhadinhas evoluíram para um sofrimento meio nojento, meio ocasional, sinto um dó extremo do rato que se fere no porão, ai que outra dor súbita, ai que estranheza e que lusitano torpor me atira de braços abertos sobre as ripas do cais ou do palco ou do quartinho. Quisera dividir o corpo em heterônimos — medito aqui no chão, imóvel tóxico do tempo.

Noite de Natal.
Estou bonita que é um desperdício.
Não sinto nada
Não sinto nada, mamãe
Esqueci
Menti de dia
Antigamente eu sabia escrever
Hoje beijo os pacientes na entrada e na saída
com desvelo técnico.
Freud e eu brigamos muito.
Irene no céu desmente: deixou de
trepar aos 45 anos
Entretanto sou moça
estreando um bico fino que anda feio,
pisa mais que deve,
me leva indesejável pra perto das
botas pretas
pudera

"nestas circunstâncias o beija-flor vem sempre aos milhares"

Este é o quarto Augusto. Avisou que vinha. Lavei os sovacos e os pezinhos. Preparei o chá. Caso ele me cheirasse... Ai que enjoo me dá o açúcar do desejo.

instruções de bordo

(para você, A. C., temerosa, rosa, azul-celeste)

Pirataria em pleno ar.
A faca nas costelas da aeromoça.
Flocos despencando pelos cantos dos
lábios e casquinhas que suguei atrás
da porta.
Ser a greta,
o garbo,
a eterna liu-chiang dos postais vermelhos.
Latejar os túneis lua azul celestial azul.
Degolar, atemorizar, apertar
o cinto o senso a mancha
roxa na coxa: calores lunares,
copas de champã, charutos úmidos de
licores chineses nas alturas.
Metálico torpor na barriga
da baleia.
Da cabine o profeta feio,
de bandeja.
Três misses sapatinho fino alto esmalte nau
dos insensatos supervoos
rasantes ao luar
despetaladamente
pelada
pedalar sem cócegas sem súcubos
incomparável poltrona reclinável.

enciclopédia

Hácate ou Hécata, em gr. Hekáté. Mit. gr.
Divindade lunar e marinha, de tríplice
forma (muitas vezes com três cabeças e
três corpos). Era uma deusa órfica,
parece que originária da Trácia. Enviava
aos homens os terrores noturnos, os fantasmas
e os espectros. Os romanos a veneravam
como deusa da magia infernal.

arpejos

1

Acordei com coceira no hímen. No bidê com espelhinho examinei o local. Não surpreendi indícios de moléstia. Meus olhos leigos na certa não percebem que um rouge a mais tem significado a mais. Passei pomada branca até que a pele (rugosa e murcha) ficasse brilhante. Com essa murcharam igualmente meus projetos de ir de bicicleta à ponta do Arpoador. O selim poderia reavivar a irritação. Em vez decidi me dedicar à leitura.

2

Ontem na recepção virei inadvertidamente a cabeça contra o beijo de saudação de Antônia. Senti na nuca o bafo seco do susto. Não havia como desfazer o engano. Sorrimos o resto da noite. Falo o tempo todo em mim. Não deixo Antônia abrir sua boca de lagarta beijando para sempre o ar. Na saída nos beijamos de acordo, dos dois lados. Aguardo crise aguda de remorsos.

3

A crise parece controlada. Passo o dia a recordar o gesto involuntário. Represento a cena ao espelho. Viro o rosto à minha própria imagem sequiosa. Depois me volto, procuro nos olhos dela signos de decepção. Mas Antônia continuaria inexorável. Saio depois de tantos ensaios. O movimento das rodas me desanuvia os tendões duros. Os navios me iluminam. Pedalo de maneira insensata.

nada, esta espuma

Por afrontamento do desejo
insisto na maldade de escrever
mas não sei se a deusa sobe à superfície
ou apenas me castiga com seus uivos.
Da amurada deste barco
quero tanto os seios da sereia.

anônimo

Sou linda; gostosa; quando no cinema você roça o ombro em mim aquece, escorre, já não sei mais quem desejo, que me assa viva, comendo coalhada ou atenta ao buço deles, que ternura inspira aquele gordo aqui, aquele outro ali, no cinema é escuro e a tela não importa, só o lado, o quente lateral, o mínimo pavio. A portadora deste sabe onde me encontro até de olhos fechados; falo pouco; encontre; esquina de Concentração com Difusão, lado esquerdo de quem vem, jornal na mão, discreta.

último adeus I

Os navios fazem figuras no ar
escapam a cores — os faunos.
Os corpos dos bombeiros bailam
no brilho dos meus pés.
Do cais mordo
impaciente
a mão imersa
nos faróis.

último adeus II

O navio desatraca
imagino um grande desastre sobre a terra
as lições levantam voo,
agudas
pânicos felinos debruçados na amurada

e na deck chair
ainda te escuto folhear os últimos poemas
com metade de um sorriso

último adeus III

Tenho escrito longamente sobre este assunto
Aizita traz o chá
Bebericamos na varanda
Nenhum descontrole na tarde
Intervalo para as folhas caindo da árvore em frente
que nos entra pela janela
Não precisamos nos dizer nada
O parapeito vaza outra indicação
seca do presente
Ouvimos:
outra indicação seca do presente
Aizita vai ver na folhinha
pendurada no prego da cozinha
Acaba o chá
Acaba a colher de chá
Longamente
Eu também, bem, tenho escrito

16 de junho

Posso ouvir minha voz feminina: estou cansada de ser homem. Ângela nega pelos olhos: a woman left lonely. Finda-se o dia. Vinde meninos, vinde a Jesus. A Bíblia e o Hinário no colinho. Meia branca. Órgão que papai tocava. A bênção final amém. Reviradíssima no beliche de solteiro. Mamãe veio cheirar e percebeu tudo. Mãe vê dentro dos olhos do coração mas estou cansada de ser homem. Ângela me dá trancos com os olhos pintados de lilás ou da outra cor sinistra da caixinha. Os peitos andam empedrados. Disfunções. Frio nos pés. Eu sou o caminho a verdade a vida. Lâmpada para meus pés é a tua palavra. E luz para o meu caminho. Posso ouvir a voz. Amém, mamãe.

18 de fevereiro

Me exercitei muito em escritos burocráticos, cartas de recomendação, anteprojetos, consultas. O irremovível trabalho da redação técnica. Somente a dicção nobre poderia a tais alturas consolar-me. Mas não o ritmo seco dos diários que me exigem!

19 de abril

Era noite e uma luva de angústia me afagava o pescoço. Composições escolares rodopiavam, todas as que eu lera e escrevera e ainda uma multidão herdada de mamãe. Era noite e uma luva de angústia... Era inverno e a mulher sozinha... Escureciam as esquinas e o vento uivando... Saí com júbilo escolar nas pernas, frases bem compostas de pornografia pura, meninas de saiote que zumbiam nas escadas íngremes. Galguei a ladeira com caretas, antecipando o frio e os sons eróticos povoando a sala esfumaçada.

16 de junho

Decido escrever um romance. Personagens: a Grande Escritora de Grandes Olhos Pardos, mulher farpada e apaixonada. O fotógrafo feio e fino que me vê pronta e prosa de lápis comprido inventando a ilha perdida do prazer. O livrinho que sumiu atrás da estante que morava na parede do quarto que cabia no labirinto cego que o coelho pensante conhecia e conhecia e conhecia. Nessa altura eu tinha um quarto só para mim com janela de correr narcisos e era atacada de noite pela fome tenra que papai me deu.

21 de fevereiro

Não quero mais a fúria da verdade. Entro na sapataria popular. Chove por detrás. Gatos amarelos circulando no fundo. Abomino Baudelaire querido, mas procuro na vitrina um modelo brutal. Fica boazinha, dor; sábia como deve ser, não tão generosa, não. Recebe o afeto que se encerra no meu peito. Me calço decidida onde os gatos fazem que me amam, juvenis, reais. Antes eu era 36, gata borralheira, pé ante pé, pequeno polegar, pagar na caixa, receber na frente. Minha dor. Me dá a mão. Vem por aqui, longe deles. Escuta, querida, escuta. A marcha desta noite. Se debruça sobre os anos neste pulso. Belo belo. Tenho tudo que fere. As alemãs marchando que nem homem. As cenas mais belas do romance o autor não soube comentar. Não me deixa agora, fera.

meia-noite. 16 de junho

Não volto às letras, que doem como uma catástrofe. Não escrevo mais. Não milito mais. Estou no meio da cena, entre quem adoro e quem me adora. Daqui do meio sinto cara afogueada, mão gelada, ardor dentro do gogó. A matilha de Londres caça minha maldade pueril, cândida sedução que dá e toma e então exige respeito, madame javali. Não suporto perfumes. Vasculho com o nariz o terno dele. Ar de Mia Farrow, translúcida. O horror dos perfumes, dos ciúmes e do sapato que era gêmea perfeita do ciúme negro brilhando no gogó. As noivas que preparei, amadas, brancas. Filhas do horror da noite, estalando de novas, tontas de buquês. Tão triste quando extermina, doce, insone, meu amor.

guia semanal de ideias

Segunda
Não achei a Távora mas vi o King Kong na pracinha. Análise. Leu-se e comentou-se que o regime não vai cair. Clímax alencariano das Duas Vidas.
Terça
Parque Lage com Patinho. Yoga. Sopa chez avó. Di do Glauber. Traduzi 5 p de masturbação até encher o saco.
Quarta
Fingi que não era aniversário. Almoço em família. Saidinhas à tarde com e sem Tutu. Não me aclamaram no colégio como se esperava. Saí deixando pistas com a psicóloga.
Quinta
Passei para os alunos redação com narrador sarcástico. Último capítulo de Duas Vidas. Encontro PQ na portaria e vamos ao chinês. Conversa de cerca-lourenço, para inglês não ver.
Sexta
Bebericamos depois do filme polonês. Quarto recendendo a chulé e sutiã. Guardados. Voltei no aperto, mas tão mole.
Sábado
Cartas de Paris. Disfarcei-me de nariz para enganar PQ. Casas da Banha. Cheguei cedo, parei em frente à banca das panelas.
Domingo
Lauto café à beira-mar. Mímicas no ônibus. Emoção exagerada, demais, imotivada. Dildo ligou, pobre. Darei bola? Anoto no diário versinhos de Álvares de Azevedo. Eu morro, eu morro, leviana sem dó, por que mentias. Meu desejo? Era ser... Boiar (como um cadáver) na existência! Mas como sou chorão, deixai que gema. Penso em presentinhos, novos desmentidos, novos ricos beijos, sonatilhas. Continuo melada por dentro.

jornal íntimo

à Clara

30 de junho

Acho uma citação que me preocupa: "Não basta produzir contradições, é preciso explicá-las". De leve recito o poema até sabê-lo de cor. Célia aparece e me encara com um muxoxo inexplicável.

29 de junho

Voltei a fazer anos. Leio para os convidados trechos do antigo diário. Trocam olhares. Que bela alegriazinha adolescente, exclama o diplomata. Me deitei no chão sem calças. Ouvi a palavra dissipação nos gordos dentes de Célia.

27 de junho

Célia sonhou que eu a espancava até quebrar seus dentes. Passei a tarde toda obnubilada. Datilografei até sentir câimbras. Seriam culpas suaves. Binder diz que o diário é um artifício, que não sou sincera porque desejo secretamente que o leiam. Tomo banho de lua.

27 de junho

Nossa primeira relação sexual. Estávamos sóbrios. O obscurecimento me perseguiu outra vez. Não consegui fazer as reclamações devidas. Me sinto em Marienbad junto dele. Perdi meu pente. Recitei a propósito fantasias capilares, descabelos, pelos subindo pelo pescoço. Quando Binder perguntou do banheiro o que eu dizia respondi "Nada" funebremente.

26 de junho

Célia também deu de criticar meu estilo nas reuniões. Ambíguo e sobrecarregado. Os excessos seriam gratuitos. Binder prefere a hipótese da sedução. Os dois discutem como gatos enquanto rumbas me sacolejam.

25 de junho

Quando acabei *O jardim de caminhos que se bifurcam* uma urticária me atacou o corpo. Comemos pato no almoço. Binder me afaga sempre no lugar errado.

27 de junho

O prurido só passou com a datilografia. Copiei trinta páginas de *Escola de mulheres* no original sem errar. Célia irrompeu pela sala batendo com a língua nos dentes. Célia é uma obsessiva.

28 de junho

Cantei e dancei na chuva. Tivemos uma briga. Binder se recusava a alimentar os corvos. Voltou a mexericar o diário. Escreveu algumas palavras. Recurso mofado e bolorento! Me chama de vadia para baixo. Me levanto com dignidade, subo na pia, faço um escândalo, entupo o ralo com fatias de goiabada.

30 de junho

Célia desceu as escadas de quatro. Insisti no despropósito do ato. Comemos outra vez aquela ave no almoço. Fungo e suspiro antes de deitar. Voltei ao

na outra noite no meio-fio

The other night I had a dream that I
was sitting on the sidewalk on Moody
Street, Pawtucketville, Lowell, Mass.,
with a pencil and paper in my hand
saying to myself "Describe the
wrinkly tar of this sidewalk, also
the iron pickets of Textile Institute,
or the doorway where Lousy and you and
G.J.'s always sitting and don't stop
to think of words when you do
stop, just stop to think of the
picture better — and let your mind off
yourself in this work."

Jack Kerouac, Dr. Sax

Na outra noite sonhei que estava sentada no meio-fio com papel, lápis e assobios vazios me dizendo: "Você não é Jack Kerouac apesar das assombrações insistirem em passar nas bordas da cama exatamente como naquele tempo". Eu era menina e já escrevia memórias, envelhecida. O tempo se fazia ao contrário. De noite não dormia enquanto meus olhos viam as luzes dos automóveis velozes no teto. Quando me virava de bruços vinha o diabo e me furava as costas com o punhal de prata. As mãos se interrompiam à meia-noite quando chegava o anjo mais escuro que o silêncio. Não havia mais sonho e eu e Jack brincávamos de paixão escondida.

O caso rendia por cima dos balcões. Eu era rainha das cobras. Jack com sobrolho carregado e ar desentendido. Ninguém devia saber de nada, nem a gente. Eu era a freira de nariz arrebitado e boquinha vermelha. Jack doente e eu cuidava dele no hospital. Me dá a mão, Ângela, segura a minha mão, ele falava angustiado como se estivesse delirando. Eu segurava a mão dele porque era irmã Paula mas Ângela não me chamava. Ele torcia meus dedos e suava nos lençóis. Eu sentia um calor terrível, inquieta na cadeira branca de ferro coberta de hábitos pretos.

O colarinho engomado pinicava. Com a outra mão eu pegava nos meus seios que não eram grandes como a angústia de Jack. Altas horas lá ia eu atender a luzinha vermelha do quarto que piscava. De manhã Jack partia para sempre e eu tinha calores na madrugada seguinte sem luzinha. Na confissão virava Jack sofrendo na enfermaria e chamava Ângela de olhos fechados. O confessor era careca e não dizia nada, suportava meus dedos retorcidos entre as grades. Sozinha imitava o jeito de Jack tirando os livros da estante gravemente. Quando dava por mim estava amparando a cabeça para não cair no sono igual ele fazia depois de falar muito. Andava de perna meio aberta e batia a porta. O hábito ficava preso no vão; eu não saía do lugar.

Nessa época começaram os bombardeios. Tivemos que nos esconder todos dentro de um trem apagado no meio da floresta. Tinha mais gente que espaço e todos deitavam no chão meio embolados e tentavam descansar os peitos fatigados, os corações exaustos, os olhares carregados etc. Jack vigiava os céus de insônia por uma fresta no teto. Um homem gordo roncava aos meus pés. Ao lado dele uma mulher carnuda se remexia. Não deitei tensa de medo de fazer caridade pelos porcos. Jack barbado e cabeludo movia a cabeça de um lado para o outro. Quando as explosões recomeçavam Jack se atirava no chão e rolava por cima de seus protegidos até no meu cantinho acocorado.

A rainha das cobras era cruel com olhos flamejantes. Capturava Jack na floresta e torturava com chicotes, embebia feridas com água e sal. Não pessoalmente, mas comandando soldados cabeçudos, barris de obediência. Na hora do aperto tinha de aguentar os cheiros de Jack colados no meu braço. Dava as costas e fingia que não sentia o aperto do perigo. Jack também me dava as costas e as explosões sacudiam as paredes do trem. Ninguém podia se mexer só se juntar mais e mais até os ossos estalarem, gemidos imperceptíveis.

Jack me pegou desprevenida durante o descanso vespertino. Subiu nas minhas costas e desceu a boca nas dobras grudentas do pescoço. Não mexi e deixei que os dentes trincassem preso o corpo todo. As mãos de Jack parece que entenderam e vieram muito por cima pros meus peitos. As pernas de Jack entenderam e mudas deram voo rasante pelas minhas. Meus dentes seguraram: não me movi pela tesoura. Jack entendeu e não passou de mariposa. Rasteiro se afastou e era como se tivéssemos dormido a noite inteira sem reparos.

Finalmente a mulher carnuda acordou, superiora, madre, dona dos soldados, dona da pensão. Quando Jack subia nas costas dela não se dormia mais no casarão, no trem, no hospital. Fiquei à escuta, tentei brincar de acordar sozinha, chamei Ângela cortante, às tesouradas, touradas, trovoadas de verão, punhal de prata. De fato recebi visitas discretas da nova enfermeira de plantão, enfermeira de enfermeiras que contraíam a peste que curavam. Ainda toda ouvidos só de insônias povoadas. Jack no coro franzia a cara e só eu percebia na plateia; mas não mudo, não falo, não mexo. Tinha suor, não tinha palmas.

Correspondência Completa

ana cristina c.

[1979]

Créditos da edição original

CORRESPONDÊNCIA COMPLETA (2ª edição)

Equipe de realização:
Projeto gráfico de Heloisa Buarque de Hollanda.
Assessoria editorial de Armando Freitas Filho.
Assessoria administrativa de Luis Olavo Fontes.
Produção gráfica de Cecília Leal de Oliveira e Tania Kacelnik.
Composto por Ana Cristina Cesar e Heloisa Buarque de Hollanda.
Impresso na CBAG.

Foi feito o depósito legal.

my dear,

CHOVE A CÂNTAROS. Daqui de dentro penso sem parar nos gatos pingados. Mãos e pés frios sob controle. Notícias imprecisas, fique sabendo. É de propósito? Medo de dar bandeira? Ouça muito Roberto: quase chamei você mas olhei para mim mesmo etc. Já tirei as letras que você pediu.

O dia foi laminha. Célia disse: o que importa é a carreira, não a vida. Contradição difícil. A vida parece laminha e a carreira é um narciso em flor. O que escrevi em fevereiro é verdade mas vem junto drama de desocupado. Agora fiquei ocupadíssima, ao sabor dos humores, natureza chique, disposição ambígua (signo de gêmeos).

Depois que desliguei o telefone me arrependi de ter ligado, porque a emoção esfriou com a voz real. Ao pedir a ligação, meu coração queimava. E quando a gente falou era tão assim, você vendo tv e eu perto de bananas, tão sem estilo (como nas cartas). Você não acha que a distância e a correspondência alimentam uma aura (um reflexo verde na lagoa no meio do bosque)?

Penso pouco no Thomas. Passou o frio dos primeiros dias. Depois, desgosto: dele, do pau dele, da política dele, do violão dele. Mas não tenho mexido no assunto. Entrei de férias. Tenho medo que o balanço acabe. O Thomas de hoje é muito mais velho do que eu, não liga mais, estuda, milita e [faz]* amor na sua Martinica de longos peitos e dentes perfilados, tanta perfeição.

Atraída pelo português de camiseta que atendeu no Departamento Financeiro. Era jacaré e tinha bigode de pontas. Ralhei com tesão que me deu uma dor puxada.

---

* A palavra "faz" constava da primeira (dita segunda) edição de *Correspondência completa*, mas foi excluída na primeira edição de *A teus pés*, revista pela autora, formando o que parece ser um erro. (N. E.)

Só hoje durante a visita de Cris é que me dei conta que batizei a cachorra com o nome dela. Tive discreto repuxo de embaraço quando gritei com Cris que me enlameava o tapete. Cris fugiu mas Cris não percebeu (julgando-se talvez homenageada?). Gil por sua vez leu como sempre nos meus lábios e eclatou de riso típico umidificante.

O mesmo Gil jura que são de Shakespeare os versos "trepar é humano, chupar divino" e desvia o olhar para o centro da mesa, depois de diagnosticar silenciosamente minha paranoia.

Deu discussão hoje com Mary. Segundo ela Altmann é cruel com a classe média e isso é imperdoável. Me senti acusada e balbuciei uma bela briga. Ao chegar em casa pesou a mão imperdoável na barriga. Mary tem sempre razão.

Gil diz que ela não se abre comigo porque sabe que minha inveja é maior que meu amor. Ao telefone me conta da carreira e cacacá. Por Gil porém sei dos desastres do casamento. Comigo ela não fala.

Ontem fizemos um programa, os três. Nessas ocasiões o ciúme fica saliente, rebola e diz gracinhas que nem eu mesma posso adiantar. Ninguém sabe mas ele tem levezas de um fetinho. É maternal, põe fraldas, enquanto o trio desanca seus caprichos. Resulta um show da uva, brilhante microfone do ciúme! Há sempre uma sombra em meu sorriso (Roberto). A melancólica sou eu, insisto, embora você desaprove sempre, sempre. Aproveito para pedir *outra* opinião.

Gil diz que sou uma leoa-marinha e eu exijo segredo absoluto (está ficando convencido): historinhas ruminadas na calçada são afago para o coração. Quem é que pode saber? Eu sim sei fazer calçada o dia todo, e bem. Do contrário...

Não fui totalmente sincera.

Recebi outro cartão-postal de Londres. Agora dizia apenas "What are men for?". Sem data.

Não consigo dizer não. Você consegue?

E a somatização, melhorou?

Insisto no sumário que você abandonou ao deus-dará: 1. bondade que humilha; 2. necessidade versus prazer; 3. filhinho; 4. prioridades; 5. what are men for.

Sonho da noite passada: consultório escuro em obras; homens trabalhando; camas e tijolos; decidi esperar no banheiro, onde havia um patinete, anúncios de pudim, um sutiã preto e outros trastes. De quem seria o sutiã? Ele dormiu aqui? Já nos vimos antes, eu saindo e você entrando? Deitados lado a lado, o braço dele me tocando. Chega para lá (sussurro). Ela deu minha blusa de seda para a empregada. Sem ele não fico em casa. Há três dias que pareço morar onde estou (ecos de Ângela). Aquele ar de desatenção neurológica me deixa louca. Saímos para o corredor. Você vai ter um filhinho, ouviu?

Passei a tarde toda na gráfica. O coronel implicou outra vez com as ideias mirabolantes da programação. Mas isso é que é bom. Escrever é a parte que chateia, fico com dor nas costas e remorso de vampiro. Vou fazer um curso secreto de artes gráficas. Inventar o livro antes do texto. Inventar o texto para caber no livro. O livro é anterior. O prazer é anterior, boboca.

Epígrafe masculina do livro (há outra, feminina, mais contida), do Joaquim: "É a crônica de uma tara gentil, encontro lírico nas veredas escapistas de Paquetá, imagética, verbalização e exposição de fantasias eróticas. Contém a denúncia da vocação genital dos legumes, a inteligência das mocinhas em flor, a liberdade dos jogos na cama, a simpatia pelos tarados, o gosto pela vida e a suma poética de Carlos Galhardo".

Meu pescoço está melhor, obrigada.

Quanto à história das mães, acenando umas para as outras com lençóis brancos, enquanto a filha afinal não presta assim tanta atenção, só posso dizer que corei um pouco de ser tudo verdade. F. penso não percebe, mas como sempre mente muito. Mente muito! Só eu sei. Vende a alma ao diabo negociando a inteligência alerta pela juventude eterna. Você diria? No pacto é pura Rita Hayworth, com N. na cenografia, encaixilhando espelhos. Brincam de casinha na hora vaga. Na festa que deram Gil alto discursava que casamento é a solução, mestre da saúde. Ironias do destino. Seguiu-se é claro ressaca sonsa e ciúmes rápidos de Rita.

Não estou conseguindo explicar minha ternura, minha ternura, entende?

Fica difícil fazer literatura tendo Gil como leitor. Ele lê para desvendar mistérios e faz perguntas capciosas, pensando que cada verso oculta sintomas, segredos biográficos. Não perdoa o hermetismo. Não se confessa os próprios sentimentos. Já Mary me lê toda como literatura pura, e não entende as referências diretas.

Na mesa do almoço Gil quis saber a verdadeira identidade de um Jean-Luc, e diante de todos fez clima de conluio, julgando adivinhar tudo. Na saída me fez jurar sobre o perfil dos sepulcros santos — Gil está sempre jurando ou me fazendo jurar. E depois você ainda diz que eu não respondo.

Ainda aguardando.

Beijo.

Júlia

P.S. 1 — Não quero que T. leia nossa correspondência, por favor. Tenho paixão mas também tenho pudor!

P.S. 2 — Quando reli a carta descobri alguns erros datilográficos, inclusive a falta do h no verbo chorar. Não corrigi para não perder um certo ar perfeito — repara a paginação gelomatic, agora que sou *artista plástica*.

Ana Cristina Cesar, jornalista, professora de literatura comparada, além do livro *Cenas de abril*, tem seus trabalhos publicados em antologias, revistas e suplementos literários. Lança agora sua *Correspondência completa*, um retrato da mulher moderna, essa desconhecida. A seguir: *Estou cansada de ser homem*.

H.B. Hollanda[1]

1 A biografia ficcional integrava a primeira (dita segunda) edição de *Correspondência completa*. (N. E.)

Luvas de Pelica
ana cristina c

[1980]

Créditos da edição original

LUVAS DE PELICA

Realização geral: Ana Cristina C.
Coprodução: Waldo Cesar.
Desenho e foto da capa: Violettes Révées, de Bia Wouk.
Fotocomposição: Technique — Colchester, Essex.
Impressão: Rudd Pell Reprographics — Wilberfoss, York.
Agradecimentos especiais: Tim, Richard, Jackie, Pat, Chris.

Errata: onde se lê DIÍCIL leia-se DIFÍCIL; onde se lê NO DO CANTO QUARTO leia-se NO CANTO DO QUARTO; onde se lê NOW leia-se KNOW.*

Da mesma autora: *Cenas de Abril* e *Correspondência Completa*.
Próximo lançamento: *Bem Objetivo*.

Inglaterra, novembro de 1980.

* Os erros referidos foram corrigidos na última versão vista pela autora. (N. E.)

Eu só enjoo quando olho o mar, me disse a comissária do sea-jet. Estou partindo com suspiro de alívio. A paixão, Reinaldo, é uma fera que hiberna precariamente.
Esquece a paixão, meu bem; nesses campos ingleses, nesse lago com patos, atrás das altas vidraças de onde leio os metafísicos, meu bem.
Não queira nada que perturbe este lago agora, bem.
Não pega mais o meu corpo; não pega mais o seu corpo.
Não pega.
Domingo à beira-mar com Mick. O desejo é uma pontada de tarde. Brincar cinco minutos a mãe que cuida para não acordar meu filho adormecido.
And then it was over. Viajo num minibus pelo campo inglês. Muitas horas viajando, olhando, quieta.

Fico quieta.
Não escrevo mais. Estou desenhando numa vila que não me pertence.
Não penso na partida. Meus garranchos são hoje e se acabaram.
"Como todo mundo, comecei a fotografar as pessoas à minha volta, nas cadeiras da varanda."
Perdi um trem. Não consigo contar a história completa. Você mandou perguntar detalhes (eu ainda acho que a pergunta era daquelas cansadas de fim de noite, era eu que estava longe) mas não falo, não porque minha boca esteja dura. Nem a ironia nem o fogo cruzado.
Tenho medo de perder este silêncio.
Vamos sair? Vamos andar no jardim? Por que você me trouxe aqui para dentro deste quarto?
Quando você morrer os caderninhos vão todos para a vitrine da exposição póstuma. Relíquias.
Ele me diz com o ar um pouco mimado que a arte é aquilo que ajuda a escapar da inércia.

Outra vez os olhos.
Os dele produzem uma indiferença quando ele me conta o que é a arte.
Estou te dizendo isso há oito dias. Aprendo a focar em pleno parque. Imagino a onipotência dos fotógrafos escrutinando por trás do visor, invisíveis como Deus. Eu não sei focar ali no jardim, sobre a linha do seu rosto, mesmo que seja por displicência estudada, a mulher difícil que não se abandona para trás, para trás, palavras escapando, sem nada que volte e retoque e complete.
Explico mais ainda: falar não me tira da pauta; vou passar a desenhar; *para sair da pauta*.

Estou muito compenetrada no meu pânico.
Lá de dentro tomando medidas preventivas.
Minha filha, lê isso aqui quando você tiver perdido as esperanças como hoje. Você é meu único tesouro. Você morde e grita e não me deixa em paz, mas você é meu único tesouro. Então escuta só; toma esse xarope, deita no meu colo, e descansa aqui; dorme que eu cuido de você e não me assusto; dorme, dorme. Eu sou grande, fico acordada até mais tarde.

Quero te passar o quarto imóvel com tudo dentro e nenhuma cidade fora com redes de parentela. Aqui tenho máquinas de me distrair, tv de cabeceira, fitas magnéticas, cartões-postais, cadernos de tamanhos variados, alicate de unhas, dois pirex e outras mais. Nada lá fora e minha cabeça fala sozinha, assim, com movimento pendular de aparecer e desaparecer. Guarde bem este quarto parado com máquinas, cabeça e pêndulo batendo. Guarde bem para mais tarde. Fica contando ponto.

Ataque de riso no Paris Pullman numa cena inesperada de Preparem Seus Lencinhos — a falação entregando tudo pela mãe do menino que Solange seduziu. Ninguém mais ria, só eu. Dor no corpo. Inglesa chata junto, pai da Vogue, habita Costa Brava. Joe anômico, a vida corre, não tem memória ele diz. Alice nice, não gosta de não ser nice. Gosto de mim, não gosto, gosto, não gosto. Tesão pelo Luke no underground. Acalmei bem, me distraí, não penso tanto, penso a te.

Epistolário do século dezenove.

Civilizada pergunto se o seu destino trai um desejo por cima de todos os outros.
Guarda sim,
mas eu não vejo,
e é por isso que — está vendo aquele lago com patos? não, você não vê daí, da janela da cozinha parece mais outro país — eu faço um pato opaco, inglês, num parque sem reflexo da vitrina que apaga, devagar (circulo sozinha pela galeria), tela a tela, o contorno da cidade; o último quadro está inacabado, é esquisito porque quando entrei aqui pensei que essa história terminava num círculo perfeito.
Passemos.
A técnica que dá certo (politicamente correta): sentar na Place des Vosges quentando sol.
Eu sei passar — civilizadamente — mas —
Vim olhando quadro a quadro, cheguei aqui
e não tem ninguém aqui.
Tenho certeza de que você não pintaria as paredes de preto.
"Querida,
Hoje foi um dia um pouco instável em Paris.
Recebeu meu primeiro cartão-postal?"
(Me dei ao luxo de ser meio tipo hermética, "assim você se expõe a um certo deboche", amoroso sem dúvida, na mesa do jantar.)
Não dá para ver, eu sei,
mas meu desenho guarda sim
você

não fala
trai
um desejo pardessus tous les autres,
mesmo nesse penúltimo pato aqui, está vendo, que eu cobri
mais um pouco naquele dia em que não gritei de raiva,
mas não fui eu que pintei a galeria de preto, você sabe que eu não sou sinistra.
O manequim de dentro, reflexo do manequim de fora. Se você me olha bem, me vê também no meio do reflexo, de máquina na mão.

Eu respondo que não consigo ver.
Saio para a rua e no limite encontro o boulevard iluminado, árabes passando mais espertos, medo da superfície, "saiu o sol aqui em Paris esta tarde depois de algumas chuvas esparsas e nós passeamos muito, beijos, saudades", respondo que não consigo ver ainda.

Sentada na escrivaninha do quarto depois da toalete.
Tentei traduzir e não pude muito com aquilo.
Radio One toca Top of the Pops, Do that to me one more time, aqueles sucessos que a Shirley gosta para falar infinitamente no chileno indiferente que eu sempre confundo.
Desisto de escrever carta.
Desenho três patos presos numa loja.
(P.S. *para ontem ou reflexos sobre a caixa preta*: o espaço incompleto no final da galeria era na verdade claro, aberto por uma claraboia de vidro branco; na verdade havia uma passagem com três degraus para uma sala um pouco mais acima. O espaço incompleto não escondia nenhuma caixa preta — "non, je ne veux pas faire le détective".)
Prossigo meu desenho baixando ligeiramente a lâmpada porque a luz do dia escapa pela rua: uma fileira de patos opacos que escorrem pela página grosseiramente, esquecidos de tudo isso.

Imaginei um truque barato que quase dá certo. Tenho correspondentes em quatro capitais do mundo. Eles pensam em mim intensamente e nós trocamos postais e novidades. Quando não chega carta planejo arrancar o calendário da parede, na sessão de dor. Faço cobrinhas que são filhotes de raiva — raivinhas que sobem em grupo pela mesa e cobrem o calendário da parede sem parar de mexer. Esses planos e truques fui eu que inventei dentro do trem. "'Trem atravessando o caos"? — qual o quê. Chega uma carta da capital do Brasil que diz: "Tudo! Tudo menos a verdade". "Os personagens usam disfarces, capas, rostos mascarados; todos mentem e querem ser iludidos. Querem desesperadamente." Era ao contrário um trem atravessando o countryside da civilização. Era um trem atrasado, parador, que se metia em túneis e nessas horas eu planejava mais longe ainda, planejava levantar uma cortina de fumaça e abandonar um a um os meus correspondentes.
Porque eu faço viagens movidas a ódio. Mais resumidamente em busca de bliss.
É assim que eu pego os trens quinze minutos antes da partida.
Sweetheart, cleptomaniac sweetheart. You know what lies are for. Doce coração cleptomaníaco.
Pondo na mala de esguelha sobras do jantar, gatos e bebês adoentados.
Bafo de gato. Gato velho parado há horas em frente da porta da frente.
Qual o quê. Coração põe na mala. Coração põe na mala. Põe na mala.

Chegou outra carta no último quarto de hora. "Escreve devagar e conta a vidinha tipo dia a dia e os projetos de volta." Omito exclusivamente para meu hóspede, intruso das delicadezas, as citações do afeto. Dia a dia: entrei num telefone público em Paris; disquei o número do sinal possível de bliss; não estão respondendo, não tem ninguém em casa; vamos imediatamente para a casa de chá da ilha, eu disse para meu hóspede com uma precisão que só uma mulher. Meu hóspede não percebe minha dor. Flash de sangue em golfada pela boca. Baixo os olhos, evito a tela e como mestre deixo escapar a carta que não mando. Ele não sabe mas meu discurso de hoje à tarde na casa de chá em Paris era a carta para a primeira capital que eliminei. Mas aí aconteceu o inesperado, ele ficou puto de repente, fez um gesto dramático, chamou a garçonete, pediu água mineral, me fuzilou com o olhar. Eu não sou seu hóspede muito menos. Mas aí ele não teve forças de continuar. Paris tira a força (força de expressão): minha única vantagem no momento. A batalha não se trava da seguinte maneira: ele percebeu um truque mas eu também já percebi vários. Então estamos quites. Estou a salvo. No entanto... É esquisito, você entende? No entanto foi ele quem me salvou da câmara de horrores da cabine telefônica, com chá, bolinhos, divagações literárias e água mineral depois. Um gesto dramático e sus... ele não desconfia. Meu hóspede está escrevendo um romance parisiense. Como eu chego de viagem com dentes trincados e disfarces de ódio, me prometi que nesse romance não figuro. Que numa sessão de dor arranco o calendário da parede. Que corto de vez essa espera de carteiro. A minha figuração *não*. Mas ele pobre de mim acho que não peguei direito. Talvez a figurante entre de gaiata, e aí já viu, babau meus planos disciplinares no quartinho que não é Paris, nem bliss.

Dear me! Miss Brill didn't know whether to admire that or not!
Fini le voltage atroce.
Fico olhando para o desenho e não vejo nada.
Certains regardant ces peintures, croient y voir des batailles.
Desisti provisoriamente de qualquer decisão mais brusca.
A única coisa que me interessa no momento é a lenta cumplici-

dade da correspondência. Leio para mim as cartas que vou mandar: "Perdoe a retórica. Bobagem para disfarçar carinho".

Estou jogando na caixa do correio mais uma carta para você que só me escreve alusões, elidindo fatos e fatos. É irritante ao extremo, eu quero saber qual foi o filme, onde foi, com quem foi. É quase indecente essa tarefa de elisão, ainda mais para mim, para mim! É um abandono quase grave, e barato. Você precisava de uma injeção de neorrealismo, na veia.

De repente faço uma anticarta, antídoto do pathos. Estamos conversando em rodinhas quando você entra inesperadamente no salão; sinto um choque terrível, empalideço, mas ainda estou vermelha de dez dias de verão meio vestida nos gramados, e ninguém percebe, exceto talvez um velho enrustido puxado para o chato que me saca longe e faz questão de piscar o olho e me mostrar que saca; esqueço o velho prematuro e de batom inabalável tudo me passa na cabeça, todos os possíveis escândalos de pernas bambas, e atravesso a rodinha com licença em direção a você que acaba de entrar e não me viu ainda e reconhece os primeiros acenos nas rodinhas. Estou pensando duro e a cena não ousa prosseguir. Suspensão didática: estátuas humanas em carros alegóricos no desfile de páscoa no parque coberto de papel de sorvete e Union Jacks. Tinha uma cena em West Side Story que me ocorre, confere se é a mesma que te ocorre. Nos últimos segundos passei em revista minhas táticas bem elaboradas. Preciso aproveitar os últimos segundos, as soluções do dia, a maturação da espera — realmente pensei nisso, e não sou um personagem sob a pena impiedosa e suave de KM, wild colonial girl e metas no caminho do bem, tuberculose em Fontainebleau e histórias em fila e um diário com projetos de verdade que me vejo admirando ardentemente nos últimos segundos. E disciplina. E aquela rejeição das soluções mais fáceis. Me lembro da Shirley na borda do repuxo em surto de mania, e o chileno de cabelo sujo também fazendo charme, e eu tentando a séria com Mick pornográfico do lado, impossível. Aí eu disse adeus e desci com Mick e perdi o desenrolar dos acontecimentos, eles que são brancos que se entendam. A essa altura Mick havia se transfigurado, todo compenetração, acho que ele se excita é com surtos de mania. Fomos deitar na grama como dois pombinhos, o braço roça aqui, me recomponho, fazemos comentários sobre a natureza dos arbustos nesta região. É peculiar. Peculiar como a arte das cartinhas que os carteiros transportam sob minha formal desconfiança; algumas não chegam nunca e eu acordo de manhã e esqueço um sonho capital; houve um carteiro que foi enfim processado por enterrar as cartas de cada dia no porão da casa; ele enterrava e passava o resto da jornada vadiando contente pelas redondezas de uma cidade chamada Bradford on Avon que tem várias excelências turísticas de séculos atrás e uma vista magnífica do alto do monastério de Saint Mary. Uma dessas que ele enterrou no mês de maio continha todo o meu pathos derramado, belo e secreto como os fatos. Me revolto quando dois ou três dias depois sei que errei lamentavelmente, errei de destinatário na pressa furiosa do derrame; preciso de mais uns dias para o trabalho impiedoso e suave da leveza antes da parada cardíaca do nosso encontro no salão.

Primeira tradução

KM acaba de morrer. LM partiu imediatamente. Ao chegar ao mosteiro jantou com Jack no quarto que ela ocupara nos últimos meses. Olga Ivanovna veio conversar um pouco e tentou explicar que o amor é como uma grande nuvem que a tudo rodeia e que na última noite KM estava transfigurada pelo amor. O seu rosto brilhava e ela deve ter se esquecido do seu estado porque ao deixar o grupo no salão começou a subir a escada em passos largos. O esforço foi o bastante para causar a hemorragia. Na manhã seguinte

LM e Jack foram à capela. Havia diversas pessoas circulando. LM ficou ali ao lado dela por um tempo mas acabou indo buscar a manta espanhola e a cobriu. O resto do dia LM passou fazendo malas e embalando tudo. O relógio de ouro e a corrente ela guardou consigo conforme o combinado. À noite houve uma reunião de amigos que tinham vindo para o enterro. Antes do jantar LM andou de um lado para o outro com Orage no jardim. Durante o jantar todos se sentaram numa mesa comprida. O jantar começou em silêncio mas aos poucos a atmosfera distendeu e começaram a discutir a vida de KM. Por que ela se havia mudado para lá? O que a impelira? Quando? Como? Inesperadamente LM se levantou — fato extraordinário — e proibiu qualquer discussão sobre KM. Com isso a reunião se dispersou. No dia seguinte uma longa fila de automóveis seguiu KM a passo de tartaruga. LM acabou descendo e seguiu a pé quilômetros e quilômetros. No cemitério LM e Jack ficaram lado a lado. No último momento houve uma certa hesitação. Parece que estavam esperando que Jack fizesse alguma coisa. LM tocou a mão de Jack, e ele recuou num gesto rápido. Alguém sugeriu que a manta espanhola fosse junto. LM não deixou, lembrando outra vez o combinado. Mais hesitação. LM jogou alguns cravos antes de voltar. Naquela noite todos se sentaram no teatro. LM se sentiu dormente e partida em pequenos pedaços. No extremo oposto Jack falava muito e ria histericamente. Orage veio e pediu a LM que o levasse para cama, o que foi feito. No dia seguinte Jack e LM partiram para o seu país. KM teria apreciado que LM cuidasse dele o máximo possível.

Querida. É a terceira com esta a quarta que te escrevo sem resposta. No dia do meu aniversário pegou fogo na linha férrea e eu vinha lendo A Man and Two Women e tive de mudar de cabine de tanto que me irritou a mulher que não falava uma palavra, feia apontando pro livrinho, e o velho prestativo se inclinando e abrindo a boca para falar mais. Saí da cabine e procurei um canto vazio mas não tinha. Horas paradas esperando. Troquei de trem e o inglês falando bem das minhas botas, minha roupa errada. Ele reparou no livro e disse que não aguentava a flacidez da perfeição, mas eu preciso de você, querida, mesmo fazendo conferências e limpando a piscina com vestido branco e auréola prateada, eu preciso te ouvir assim mesmo com tim-tim por tim-tim e falta de elegância pedagógica, eu reclamava disso, lembra? Me conta uma história com moral.

Fico considerando se não roubei demais, mas nessa hora acordo com um sonho incomodando como um sinal de alerta, um sonho dentro do automóvel, cidade adentro, uma cidade sem muito contorno, de noite, uma cidade grande, com trânsito noturno, faroletes vermelhos, e um fala-fala que não termina mais, uma consideração de casos e desencontros que vai ficando confusa e de repente o carro para e eu estou entorpecida e seduzível e num ponto cego, e acordo com a aflição que bateu dentro do carro.

Shirley caiu do céu. Discutimos o veio masoquista com olho bem naturalista.

Querido diário:
Vergonha ricocheteia.

Eu quero que você saia daqui.

Não vou mais à Espanha. O motociclista me dispensou inexplicavelmente depois de cinco dias em que não parei de pensar numa garupa. Saí para arejar no parque e sabe aquele susto todo de perda concentrado num único parágrafo? Lembra que abri um mapa e havia planos incontáveis de viagens? Aflição de não poder retomar daquele ponto, com toda a inocência de turista.

Estava no canto do quarto esperando o carteiro soar quando resolvi te escrever assim mesmo.
Assim mesmo sem resposta, abrindo meu caderno de notas seis meses depois.
Folheio seis meses à toa; a folha não é macia nem tem marca-d'água extraforte com dobras de envelope que viaja de avião, selado com dois anjos inocentes que rasguei.
Dois anjos inocentes!
A folha é muito dura e hoje é o dia mais longo do ano com ou sem você.
Thank you very much, thank you very much. A próxima canção que eu vou cantar é Me Myself I (aplausos fortes e breves e mais longos) que neste verão quero dedicar a você que não me escreve mais e é diretamente responsável pelo meu flerte com o homem dos correios. Tonight... maybe one of these days... he wrote a letter about a girl... Are you ready? One, two, three — estou mestre em abrir envelopes.
"Kiss you anelipsy
if...?"
Se o quê?
Entendeu agora por que a folha é dura e chupa a tua tinta?
Bota tudo, ele me falou.
Over here on the piano...
and on this side of the stage...
Não estou pegando direito. Por que estão vaiando agora? Você será possível que não avisou que se mudou? Eu estou escrevendo para a peça vazia, para a louca senhoria, para a locatária com mania? Me desculpe mas isso é uma grande covardia.

Blissful Sunday afternoon enroscada na cama. Quatro cobertores de verão ouvindo Top Forties no rádio da cabeceira. Sobrou um pouco de enjoo do curry do almoço. Passando loção de vaselina. Prestando atenção sem querer na porta do banheiro que bate será que ele sobe pra me ver. Lendo *Class* meu olho pensa em figuras complicadas, descaradas, excitadas, milhares de minúcias subindo colunatas ou atendendo as núpcias das três noivas art nouveau ofélia salomé esfinge escalando édipo entre rochedos. Meu olho pensa mas esquecerei depressa blissful Sunday afternoon às vezes chove uma pancada e para.

Depressa porque é bliss sem trama para os netos, sem fio nervoso comendo solto sequências inteiras sem trucagem.

Não posso parar de colar figuras na parede. Shirley me carrega da casa onde passei a última noite com Luke que dizia you're a woman, a woman, para com isso, eu respondia em voz pastosa. A luz apagou e parecia um desperdício adormecer com Apolo do meu lado, quase moça de tão belo. Então finjo pela primeira vez porque ele paga pra ver prazer supremo nem sempre viável para a gente. Hoje não posso com aventuras. Eu tremo e passa um filme e vejo Candide chorando fortíssima em Brasília e acendendo velas a Jarrett no apartamento sem luz na tempestade e vejo Beatriz inescrutável cozinhando com destreza e fazendo desenhos com a cabeça secreta que nem você conhece e vejo Carlos bissexto que nunca disse nada e a quem eu nunca disse nada, mando um postal de Barcelona com nunca te esqueci mesmo quando esqueço nesta noite quente em Catalunha? No dia seguinte Shirley me traz e a mudança empilhada no automóvel. Nos perdemos na cidade de Rochester e rimos como tontas. Só de noite perdi tudo para sempre e Apolo à mão no andar de baixo, pagando para ver prazer supremo estranho no meu rosto. Não choro mas decoro o quarto novo e penduro tudo na parede. Estou manic e não sei onde você

News at Ten. Vejo o papa no Rio de Janeiro. Brazil today. Frenesi, corcovado, fogos de artifício. Olho hipnotizada esse cartão-postal. E do Luke não posso, não posso ter saudade, apago e vejo o céu da porta, tomo lager mas não sei se é com ele.

Desço para mais uma xícara de chá. Ele não diz uma palavra e toca Dire Straits e eu me recomponho no sofá com temas recorrentes.
And I'm walking in the wild west end
Walking with your wild best friend.
Desço o west end e do outro lado da rua... era igual, igual, igual.
Quase atravessei.
Mudei de cidade e ainda ouço a caixa do correio tremer e fazer — klimt.

Digamos que um dia você percebesse que o seu único grande amor era uma falácia, um arrepio sem razão. Digamos que você percebesse que 40% de álcool apenas te garantiam emoção concentrada como sopa Knorr, arriscando o telefonema internacional que dá margens a suores contrariando o I Ching que manda que eu me cale, ou diga pouco, ou pelo menos respeite esse silêncio.

Dia seguinte.
Nesse ponto, me lembro agora, Mick entrou no quarto. A camisola estava pelo avesso. Lá estávamos outra vez com sociologias, ele muito oferecido na ponta da cama, até que me pus a passar baby oil nas mãos, lambança, e daí para os cabelos, e para os cabelos dele, beijos molhados que hoje dão maldade e gostinho de tortura. De manhã horas na cama, elaborando carta para Mick com medo de um Jack que abriria a porta a qualquer momento, vingador. Desci ainda do avesso e tinha correio, envelope chique com colagens de fotos ("cena de abril", se chamava), cartão com flores de néon, finesse de poucas palavras e um abuso de entrelinhas. Depois cuidei do banho que me dá aflição quando termina. Cozinhei para a primeira moça que conheci nesta cida-

de. Não melhorou ela falar de guerra atômica e da Atlantis irlandesa de onde ela escapou aos bofetões porque queriam que ela visse não sei o que no filho dela. O almoço tinha muita pretensão. Falei de Mick versus Luke e ela deu palpite. Me senti inconfidente, conversação traindo meu I Ching, já disse. Fiz promessa de abstinência e repeti a palavra flippant várias vezes. Tem alguma utilidade. Ela aliás também se chama Chris que era ainda o nome de um pastor alemão no Brasil mas sem h. Espiou cena de abril que eu tinha deixado no canto de propósito e comentou que lá (no Luxembourg) eu tinha cara de mais velha. Apreciação que me adulou. Ela saiu para o dentista às três e meia.

Que tristeza esta cidade portuária. Subo London Road de bicicleta e sinto as bochechas pesarem.
Comprei um cartão de avião para Malink — um avião roliço, tropical, feliz de estar partindo.
Estou há vários dias pensando que rumo dar à correspondência. Em vez dos rasgos de Verdade embarcar no olhar estetizante (foto muito oblíqua, de lado, olheiras invisíveis na luz azul).
Ou ser repentina e exclamar do avião — não me escreve mais, suave.

Opto pelo olhar estetizante, com epígrafe de mulher moderna desconhecida ("Não estou conseguindo explicar minha ternura, minha ternura, entende?"). Não sou rato de biblioteca, não entendo quase aquele museu da praça, não tenho embalo de produção, não nasci para cigana, e também tenho o chamado olho com pecados. Nem aqui? Recito ww pra você: "Amor, isto não é um livro, sou eu, sou eu que você segura e sou eu que te seguro (é de noite? estivemos juntos e sozinhos?), caio das páginas nos teus braços, teus dedos me entorpecem, teu hálito, teu pulso, mergulho dos pés à cabeça, delícia, e chega —
Chega de saudade, segredo, impromptu, chega de presente

deslizando, chega de passado em videotape impossivelmente veloz, repeat, repeat. Toma este beijo só para você e não me esquece mais. Trabalhei o dia inteiro e agora me retiro, agora repouso minhas cartas e traduções de muitas origens, me espera uma esfera mais real que a sonhada, *mais direta*, dardos e raios à minha volta, Adeus!
Lembra minhas palavras uma a uma. Eu poderei voltar. Te amo, e parto, eu incorpóreo, triunfante, morto".

A luz apagou de repente às dez da noite. Fiquei parada com o resto de dia e luzes de vizinhos à distância. Esperei fazendo um teste de casa quieta e pensei em telefonar com tato e fazer cobertura completa do black out. Desci escada com tapete, abri a porta, casas coladas e unha de lua que não adianta olhar, olhar. Bati na porta ao lado para pedir 50 pi e tive de meter a cabeça no porão e descobrir a ranhura e lutar pensando na cabeça ali dentro até achar o encaixe e a luz voltar.

Não me peça para arrancar as figuras da parede, puxar a toalha com o jantar completo servido fumegante, atirar álbuns inteiros de retrato pela janela que ficou mais longe, largar todos os pertences, inclusive bota que machuca e casaco que me irrita e sair velejando pelo mundo, ou tomar o avião e chegar sem aviso no Rio de Janeiro, completamente só, ou pior ainda, não mandar carta nenhuma and have done with it.
P.S. Li Brás Cubas verticalmente e me pôs low, quite low.

Pensando em você não é bem o termo. Você na minha pele, me ocorrendo sem querer, lembrança de perfume. Assim sentei lá fora ao sol. Luke veio de repente sem camisa e eu disse em português que susto. Ele entende e vem dar beijos mas conheço aquele meloso de propósito, paródia de meloso, e saio e volto e saio e bato a porta. Almocinho e um pouco de trabalho. Às 3 olho na janela e vejo logo quem lá embaixo de calção tomando sol. Desço e boto Gershwin e fico lendo o golpe na Bolívia no jornal. Dias em que ler jornal saca lágrimas e do fundo da cabeça figuras da galeria nacional, anjos suspensos no ar de cabeça para baixo, um deles ao peito de Vênus e em volta os outros olhando, flechando, rodopiando entre cortinados, lençóis desarrumados, pássaros, pavões, lagostas, aviões. Logo logo vou de novo lá. Mas não quero esse salgado do meu lado. Fico só, com raiva do cachorro do vizinho. Não queremos falar nada, nem como vai nem o golpe na Bolívia. Estamos encostados pegando o sol que se inclina e eu dou uma volta completa para sair da sombra e é complicado como um Tintoretto. Minha cabeça encosta no pé dele e a cabeça dele no meu pé; minha mão alcança a perna dele e a mão dele a minha perna; graminhas, cobertores brancos nas graminhas, cores fortes de alta renascença. Não descrevo mais e minha mão passa enquanto a dele passa e abre o zipe e embaixo é difícil com blue jeans. Acho que eu queria sim esse salgado. Subi para o chuveiro. Botei um shortinho e me enrolei debaixo da janela até ele chegar. Eu faço em mim com ele quieto dentro. Às vezes em silêncio e às vezes alto com rádio ligado e ritmo que não despega da pele como o perfume em Covent Garden. Mas nunca sei ao certo o que virá. Faço o detetive. Ele fica dentro quieto, parece que faz sempre igual e sem engano (só se me engano, não sou diplomata nem cigano, vagando pelo mundo, mas isso foi numa outra carta que mandei). Hoje não pensei onde é que vai parar e quis te escrever carta de amor com detalhes de hoje à tarde, minha ternura por você que só no dia seguinte pesco mais, de braço dado em Covent Garden, pegando a tua mão e dizendo que te rapto mas Joe do lado não queria. Estou esperando na janela onde tem casarão de tijolinhos com árvores no sol e brisa de leve e outros trechos de paisagem na tarde de verão. E um fio de luz que só depois faz foco. Tem um passarinho que quando pia quero matar o passarinho, acho que é um pombo ou uma pomba ou uma coruja, um pio canino que me mata. Fico esperando na janela — fazendo uma figura — você vê? — com truques: as árvores maiores no fundo e as árvores menores na frente, os carneiros na mesma ordem, e a mulher debruçada na janela com uma vela na mão que acende o charuto do anão no morro em frente, e um céu à régua, um rio, dois homens pescando, todos os trechos certos da paisagem e a perspectiva toda errada. Perhaps he is trying to show you can do all the perspective wrong and the picture will still look all right.

Me deu uma dor forte de repente e eu disse — me leva para o hospital.
O casal do lado me levou no carro.
Tinha fila na emergência. Eu fiquei chorando e espiando a folia que não quero contar como é que era.
Quando voltei ele estava pálido e contou que tinha desmaiado.
Fiquei sabendo melhor como é o desmaio.
Você não apaga — acende uma velocidade de sonho sólido, e você vê tudo num minuto. Até a sala de ópio com Fats Waller cantando Two sleepy people em câmera bem lenta: no coração de Paris uma câmara de sonho oriental, tapetes persas fechando as paredes e almofadas fechando os olhos como no paraíso.
Você pode também sentar de novo na Place des Vosges, que é perfeita, cartão-postal mágico voador. Parece que você vê e pega, ou fica completamente dentro. Não é uma esponja nem uma bagatela. Até a travessia do canal, ou a primeira vez que alguém te cobriu de beijos, o nervoso de perder o trem por dois minutos. É um cinema hipnótico, sem pernas. Não é vago.

epílogo

I AM GOING TO PASS around in a minute some lovely, glossy-blue picture postcards.
Num minuto vou passar para vocês vários cartões-postais belos e brilhantes.
Esta é a mala de couro que contém a famosa coleção.
Reparem nas minhas mãos, vazias.
Meus bolsos também estão vazios.
Meu chapéu também está vazio. Vejam. Minhas mangas.
Viro de costas, dou uma volta inteira.
Como todos podem ver, não há nenhum truque, nenhum alçapão escondido, nem jogos de luz enganadores.
A mala repousa nesta cadeira aqui.
Abro a mala com esta chave mestra em cerimônias do tipo, se me permitem a brincadeira.
A primeira coisa que encontramos na mala, por cima de tudo, é — adivinhem — um par de luvas.
Ei-las.
Pelica.
Coisa fina.
Visto as luvas — mão esquerda... mão direita... corte... perfeito.
Isso me lembra...
Um jovem artista perdido na elegante Berlim da Belle Époque, sozinho, em vão procurando por prazer. Passa um grupo ruidoso de patinadores, e uma mulher de branco deixa cair a sua luva, uma luva com seis botões forrados, branca, longa, perfumada. O jovem corre, apanha a luva, mas reluta se deve aceitar ou não o desafio. Afinal decide ignorá-lo, guarda a luva no bolso e volta caminhando para o seu hotel por ruas mal iluminadas.
Mas assim me desvio do meu propósito desta noite. Depois se houver tempo concluirei esta história fantástica, onde entra até

uma carruagem de Netuno, um morcego gigantesco que sorri e foge sempre, e um oceano de folhagens.
Quem sabe esta não é exatamente aquela luva? No entanto temos aqui não apenas uma, mas o par; é muito delicado e contrasta com este terno preto.
A valise de couro conterá objetos de toucador?
Não, meus amigos.
Como todos podem ver, mediante uma ligeira rotação que faço na cadeira sobre a qual ela se encontra, a valise contém apenas papel... cartões... dezenas, talvez centenas de cartões-postais.
Estranha valise!
E agora, atenção.
Com minhas mãos enluvadas — um momento enquanto abotoo uma... e depois outra... cuidadosamente... não há fraude... ajusto os punhos, assim... — agora com estas mãos, ao acaso, apanho o primeiro cartão-postal, que contemplo por um instante sob a luz... há um reflexo... mas vejo aqui uma moça afogada entre os juncos... passo o primeiro cartão, por favor passem uns para os outros... segundo cartão: a Avenida Atlântica... vão passando... cadilaque em Acapulco... Carmem... Centro Pompidou... igreja no Alabama... castelo visto do levante... dois cupidos de óculos escuros... o ladrão de joias e a duquesa... e este aqui, Fred Astaire em Lady be good, ou não faz arte, menina... nostálgica... e uma Marilyn, e aqui a praia em Clacton com bingo e fish and chips... o Boeing da Air France... bondes subindo a ladeira em São Francisco... um urso-polar no zoo de Barcelona... Salomé... Londres... outra Salomé... vão passando, vão passando.
Meus amigos, isto é uma valise, não é uma cartola com coelhos. Temos cartões para a noite inteira.
Alexandria... Beirute... Praga...
Sejam misteriosas, um quadro de Paul... Gauguin, seguido de *O que, estás com ciúme?*, uma pergunta malandra em tom capcioso, assim tomando sol na praia.

E outros de museu aqui:
O olho, como um balão bizarro, se dirige para o infinito;
No horizonte, o anjo das certitudes, e no céu sombrio, um olhar interrogador;
A dama em desespero;
O sangue da Medusa;
As mães malvadas;
Tranco a porta sobre mim;
O beijo;
Outro beijo;
O ciúme novamente,
e agora o verdadeiro *Morro dos ventos uivantes*, seguido de uma curiosa competição esportiva, e de alguma pornografia, e de um padrinho Cícero.

Meus amigos, eu não sei onde nós vamos parar.

Continuo a passar mais rapidamente estes cartões. Reparem nesses bolinhos presos com elástico, e aliás ia me esquecendo de dizer, podem e devem verificar se no verso há palavras rabiscadas, este aqui por exemplo, "Para quando serão nossas próximas horas exquisitas?", esquisitas com xis, ou este aqui, "O Posto 6, onde passei minha infância e minha adolescência, como está mudado!", ou este outro, ouçam só, "Fico tentando te mandar um pedacinho de onde estou mas fica faltando sempre". E um com letra bem miúda: "Acalmei bem, me distraí, não penso tanto, penso a te". Acho que o final está em italiano. Vão lendo, vão lendo, a maioria está em branco mesmo, com licença.

Eu preciso sair mas volto logo.

Um cisco no olho, um pequeno cisco; na volta continuo a tirar os cartões da mala, e quem sabe, quando o momento for propício, conto o resto daquela história verdadeira, mas antes de sair tiro a luva, deixo aqui no espaldar desta cadeira.

a teus pés

ana cristina cesar

prosa/poesia

[1982]

Créditos da edição original

A TEUS PÉS (prosa/poesia)

Capa: Waltercio Caldas Junior
Revisão: Jane S. Coelho

Editora Brasiliense S.A.
01223 – R. General Jardim, 160
São Paulo – Brasil

Trilha sonora ao fundo: piano no bordel, vozes barganhando uma informação difícil. Agora silêncio; silêncio eletrônico, produzido no sintetizador que antes construiu a ameaça das asas batendo freneticamente.
Apuro técnico.
Os canais que só existem no mapa.
O aspecto moral da experiência.
Primeiro ato da imaginação.
Suborno no bordel.
Eu tenho uma ideia.
Eu não tenho a menor ideia.
Uma frase em cada linha. Um golpe de exercício.
Memórias de Copacabana. Santa Clara às três da tarde.
Autobiografia. Não, biografia.
Mulher.
Papai Noel e os marcianos.
Billy the Kid versus Drácula.
Drácula versus Billy the Kid.
Muito sentimental.
Agora pouco sentimental.
Pensa no seu amor de hoje que sempre dura menos que o seu amor de ontem.
Gertrude: estas são ideias bem comuns.
Apresenta a jazz-band.
Não, toca blues com ela.
Esta é a minha vida.
Atravessa a ponte.
É sempre um pouco tarde.
Não presta atenção em mim.
Olha aqueles três barcos colados imóveis no meio do grande rio.
Estamos em cima da hora.
Daydream.
Quem caça mais o olho um do outro?

Sou eu que admito vitória.
Ela que mora conosco então nem se fala.
Caça, caça.
E faz passos pesados subindo a escada correndo.
Outra cena da minha vida.
Um amigo velho vive em táxis.
Dentro de um táxi é que ele me diz que quer chorar mas não chora.
Não esqueço mais.
E a última, eu já te contei?
É assim.
Estamos parados.
Você lê sem parar, eu ouço uma canção.
Agora estamos em movimento.
Atravessando a grande ponte olhando o grande rio e os três barcos colados imóveis no meio.
Você anda um pouco na frente.
Penso que sou mais nova do que sou.
Bem nova.
Estamos deitados.
Você acorda correndo.
Sonhei outra vez com a mesma coisa.
Estamos pensando.
Na mesma ordem de coisas.
Não, não na mesma ordem de coisas.
É domingo de manhã (não é dia útil às três da tarde).
Quando a memória está útil.
Usa.
Agora é a sua vez.
Do you believe in love...?
Então está.
Não insisto mais.

O tempo fecha.
Sou fiel aos acontecimentos biográficos.
Mais do que fiel, oh, tão presa! Esses mosquitos que não largam! Minhas saudades ensurdecidas por cigarras! O que faço aqui no campo declamando aos metros versos longos e sentidos? Ah que estou sentida e portuguesa, e agora não sou mais, veja, não sou mais severa e ríspida: agora sou profissional.

Segunda história rápida sobre a felicidade — descendo a colina ao escurecer — meu amor ficou longe, com seu ar de não ter dúvida, e dizia: meus pais... — não posso mais duvidar dos meus passinhos, neste sítio — agora você fala até mais baixo, delicada que eu reparo mais que os outros depois de um tempo fora — é como voltar e achar as crianças crescidas, e sentar na varanda para trocar pensamentos e memórias de um tempo que passou — mas quando eu fui (aquele dia no aeroporto) ainda havia ares de mistério — agora, é agora, descendo esta colina, sem nenhum, que eu conto então do amor distante, e não imito a minha nostalgia, mas a delicadeza, a sua, assim feliz.

sete chaves

Vamos tomar chá das cinco e eu te conto minha grande história passional, que guardei a sete chaves, e meu coração bate incompassado entre gaufrettes. Conta mais essa história, me aconselhas como um marechal-do-ar fazendo alegoria. Estou tocada pelo fogo. Mais um roman à clé?
Eu nem respondo. Não sou dama nem mulher moderna.
Nem te conheço.
Então:
É daqui que eu tiro versos, desta festa — com arbítrio silencioso e origem que não confesso — como quem apaga seus pecados de seda, seus três monumentos pátrios, e passa o ponto e as luvas.

inverno europeu

Daqui é mais difícil: país estrangeiro, onde o creme de leite é desconjunturado e a subjetividade se parece com um roubo inicial. Recomendo cautela. Não sou personagem do seu livro e nem que você queira não me recorta no horizonte teórico da década passada. Os militantes sensuais passam a bola: depressão legítima ou charme diante das mulheres inquietas que só elas? Manifesto: segura a bola; eu de conviva não digo nada e indiscretíssima descalço as luvas (no máximo), à direita de quem entra.

noite carioca

Diálogo de surdos, não: amistoso no frio. Atravanco na contramão. Suspiros no contrafluxo. Te apresento a mulher mais discreta do mundo: essa que não tem nenhum segredo.

marfim

A moça desceu os degraus com o robe monogramado no peito: L. M. sobre o coração. Vamos iniciar outra Correspondência, ela propõe. Você já amou alguém verdadeiramente? Os limites do romance realista. Os caminhos do conhecer. A imitação da rosa. As aparências desenganam. Estou desenganada. Não reconheço você, que é tão quieta, nessa história. Liga amanhã outra vez sem falta. Não posso interromper o trabalho agora. Gente falando por todos os lados. Palavra que não mexe mais no barril de pólvora plantado sobre a torre de marfim.

mocidade independente

Pela primeira vez infringi a regra de ouro e voei pra cima sem medir as consequências. Por que recusamos ser proféticas? E que dialeto é esse para a pequena audiência de serão? Voei pra cima: é agora, coração, no carro em fogo pelos ares, sem uma graça atravessando o estado de São Paulo, de madrugada, por você, e furiosa: é agora, nesta contramão.

EXTERIOR. DIA. Trocando minha pura indiscrição pela tua história bem datada. Meus arroubos pela tua conjuntura. MAR, AZUL, CAVERNAS, CAMPOS E TROVÕES. Me encosto contra a mureta do bondinho e choro. Pego um táxi que atravessa vários túneis da cidade. Canto o motorista. Driblo a minha fé. Os jornais não convocam para a guerra. Torça, filho, torça, mesmo longe, na distância de quem ama e se sabe um traidor. Tome bitter no velho pub da esquina, mas pensando em mim entre um flash e outro de felicidade. Te amo estranha, esquiva, com outras cenas mixadas ao sabor do teu amor.

cartilha da cura

As mulheres e as crianças são as primeiras que desistem de afundar navios.

Preciso voltar e olhar de novo aqueles dois quartos vazios.

conversa de senhoras

Não preciso nem casar
Tiro dele tudo que preciso
Não saio mais daqui
Duvido muito
Esse assunto de mulher já terminou
O gato comeu e regalou-se
Ele dança que nem um realejo
Escritor não existe mais
Mas também não precisa virar deus
Tem alguém na casa
Você acha que ele aguenta?
Sr. ternura está batendo
Eu não estava nem aí
Conchavando: eu faço a tréplica
Armadilha: louca pra saber
Ela é esquisita
Também você mente demais
Ele está me patrulhando
Para quem você vendeu seu tempo?
Não sei dizer: fiquei com o gauche
Não tem a menor lógica
Mas e o trampo?
Ele está bonzinho
Acho que é mentira
Não começa

sumário

Polly Kellog e o motorista Osmar.
Dramas rápidos mas intensos.
Fotogramas do meu coração conceitual.
De tomara-que-caia azul-marinho.
Engulo desaforos mas com sinceridade.
Sonsa com bom-senso.
Antena da praça.
Artista da poupança.
Absolutely blind.
Tesão do talvez.
Salta-pocinhas.
Água na boca.
Anjo que registra.

A história está completa: wide sargasso sea, azul azul que não me espanta, e canta como uma sereia de papel.

Sem você bem que sou lago, montanha.
Penso num homem chamado Herberto.
Me deito a fumar debaixo da janela.
Respiro com vertigem. Rolo no colchão.
E sem bravata, coração, aumento o preço

atrás dos olhos das meninas sérias

Mas poderei dizer-vos que elas ousam? Ou vão, por injunções muito mais sérias, lustrar pecados que jamais repousam?

atrás dos olhos das meninas sérias

Aviso que vou virando um avião. Cigana do horário nobre do adultério. Separatista protestante. Melindrosa basca com fissura da verdade. Me entenda faz favor: minha franqueza era meu fraco, o primeiro sidecar anfíbio nos classificados de aluguel. No flanco do motor vinha um anjo encouraçado, Charlie's Angel rumando a toda para o Lagos, Seven year itch, mato sem cachorro. Pulo para fora (mas meu salto engancha no pedaço de pedal?), não me afogo mais, não abano o rabo nem rebolo sem gás de decolagem. Não olho para trás. Aviso e profetizo com minha bola de cristais que vê novela de verdade e meu manto azul dourado mais pesado do que o ar. Não olho para trás e sai da frente que essa é uma rasante: garras afiadas, e pernalta.

encontro de assombrar na catedral

Frente a frente, derramando enfim todas as palavras, dizemos,
com os olhos, do silêncio que não é mudez.
E não toma medo desta alta compadecida passional, desta
crueldade intensa de santa que te toma as duas mãos.

este livro

Meu filho. Não é automatismo. Juro. É jazz do coração. É prosa que dá prêmio. Um tea for two total, tilintar de verdade que você seduz, charmeur volante, pela pista, a toda. Enfie a carapuça.
E cante.
Puro açúcar branco e blue.

duas antigas

I

Vamos fazer alguma coisa:
escreva cartas doces e azedas
Abre a boca, deusa
Aquela solenidade destransando leve
Linhas cruzando: as mulheres gostam
de provocação
Saboreando o privilégio
seu livro solta as folhas

Aí então ela percebeu que seu olho corria veloz pelo museu e só parava em três, desprezando como uma ignorante os outros grandes. E ficou feliz e muito certa com a volúpia da sua ignorância. Só e sempre procura essas frases soltas no seu livro que conta história que não pode ser contada.

Só tem caprichos
É mais e mais diária
— e não se perde no meio de tanta e tamanha companhia.

II

Eu também, não resisto. Dans mon île, vendo a barca e as gaivotinhas passarem. Sua resposta vem de barca e passa por aqui, muito rara. Quando tenho insônia me lembro sempre de uma gaffe e de um anúncio do museu: "To see all these works together is an experience not to be missed". E eu nem nada. Fiz misérias nos caminhos do conhecer. Mas hoje estou doente de tanta estupidez porque espero ardentemente que alguma coisa... divina aconteça. F for fake. Os horóscopos também erram. Me escreve mais, manda um postal do azul (eu não me espanto). O lugar do passado? Na próxima te digo quem são os 3, mas os outros grandes... eu resisto.
Não fica aborrecida: beijo político lábios de cada amor que tenho.

vacilo da vocação

Precisaria trabalhar — afundar —
— como você — saudades loucas —
nesta arte — ininterrupta —
de pintar —

A poesia não — telegráfica — ocasional —
me deixa sola — solta —
à mercê do impossível —
— do real.

Minha boca também
está seca
deste ar seco do planalto
bebemos litros d'água
Brasília está tombada
iluminada como o mundo real
pouso a mão no teu peito
mapa de navegação
desta varanda
hoje sou eu que
estou te livrando
da verdade

te livrando:

castillo de alusiones
forest of mirrors

anjo
que extermina
a dor

ela quis
queria me matar
quererá ainda, querida?

é muito claro
amor
bateu
para ficar
nesta varanda descoberta
a anoitecer sobre a cidade
em construção
sobre a pequena constrição
no teu peito
angústia de felicidade
luzes de automóveis
riscando o tempo
canteiros de obras
em repouso
recuo súbito da trama

Quando entre nós só havia
uma carta certa
a correspondência
completa o trem
os trilhos
a janela aberta
uma certa paisagem
sem pedras ou
sobressaltos
meu salto alto
em equilíbrio
o copo d'água
a espera do café

Reaparecia abruptamente
como se nada tivesse acontecido
abria as cortinas com palpites
turbilhão de novidades
antena das últimas
tendências
força de leão
escancarava a porta preta
vento   remoinho
gargalhada no ar
meio   dia

cabeceira

Intratável.
Não quero mais pôr poemas no papel
nem dar a conhecer minha ternura.
Faço ar de dura,
muito sóbria e dura,
não pergunto
"da sombra daquele beijo
que farei?"
É inútil
ficar à escuta
ou manobrar a lupa
da adivinhação.
Dito isto
o livro de cabeceira cai no chão.
Tua mão que desliza
distraidamente?
sobre a minha mão

aventura na casa atarracada

Movido contraditoriamente
por desejo e ironia
não disse mas soltou,
numa noite fria,
aparentemente desalmado:
— Te pego lá na esquina,
na palpitação da jugular,
com soro de verdade e meia,
bem na veia, e cimento armado
para o primeiro a andar.

Ao que ela teria contestado, não,
desconversado, na beira do andaime
ainda a descoberto: — Eu também,
preciso de alguém que só me ame.
Pura preguiça, não se movia nem um passo.
Bem se sabe que ali ela não presta.
E ficaram assim, por mais de hora,
a tomar chá, quase na borda,
olhos nos olhos, e quase testa a testa.

o homem público nº 1 (antologia)

Tarde aprendi
bom mesmo
é dar a alma como lavada.
Não há razão
para conservar
este fiapo de noite velha.
Que significa isso?
Há uma fita
que vai sendo cortada
deixando uma sombra
no papel.
Discursos detonam.
Não sou eu que estou ali
de roupa escura
sorrindo ou fingindo
ouvir.
No entanto
também escrevi coisas assim,
para pessoas que nem sei mais
quem são,
de uma doçura
venenosa
de tão funda.

pour mémoire

Não me toques
nesta lembrança.
Não perguntes a respeito
que viro mãe-leoa
ou pedra-lage lívida
ereta
na grama
muito bem-feita.
Estas são as faces da minha fúria.
Sob a janela molhada
passam guarda-chuvas
na horizontal,
como em Cherbourg,
mas não era este
o nome.
Saudade em pedaços,
estação de vidro.
Água.
As cartas
não mentem
jamais:
virá ver-te outra vez
um homem de outro continente.
Não me toques,
foi minha cortante resposta
sem palavras
que se digam
dentro do ouvido
num murmúrio.
E mais não quer saber
a outra, que sou eu,

do espelho em frente.
Ela instrui:
deixa a saudade em repouso
(em estação de águas)
tomando conta
desse objeto claro
e sem nome.

sexta-feira da paixão

Alguns estão dormindo de tarde,
outros subiram para Petrópolis como meninos tristes.
Vou bater à porta do meu amigo,
que tem uma pequena mulher que sorri muito e fala pouco,
como uma japonesa.
Chego meio prosa, sombras no rosto.
Não tenho muitas palavras como pensei.
"Coisa ínfima, quero ficar perto de ti."
Te levo para a avenida Atlântica beber de tarde e digo: está lindo,
mas não sei ser engraçada.
"A crueldade é seu diadema..."
O meu embaraço te deseja, quem não vê?
Consolatriz cheia das vontades.
Caixa de areia com estrelas de papel.
Balanço, muito devagar.
Olhos desencontrados: e se eu te disser, te adoro,
        e te raptar não sei como dessa aflição de março,
        bem que aproveitando maus bocados para sair do
        esconderijo num relance?
Conheces a cabra-cega dos corações miseráveis?
Beware: esta compaixão é
é paixão.

que desliza

Onde seus olhos estão
as lupas desistem.
O túnel corre, interminável
pouso negro sem quebra
de estações.
Os passageiros nada adivinham.
Deixam correr
Não ficam negros
Deslizam na borracha
carinho discreto
pelo cansaço
que apenas se recosta
contra a transparente
escuridão.

samba-canção

Tantos poemas que perdi.
Tantos que ouvi, de graça,
pelo telefone — taí,
eu fiz tudo pra você gostar,
fui mulher vulgar,
meia-bruxa, meia-fera,
risinho modernista
arranhado na garganta,
malandra, bicha,
bem viada, vândala,
talvez maquiavélica,
e um dia emburrei-me,
vali-me de mesuras
(era uma estratégia),
fiz comércio, avara,
embora um pouco burra,
porque inteligente me punha
logo rubra, ou ao contrário, cara
pálida que desconhece
o próprio cor-de-rosa,
e tantas fiz, talvez
querendo a glória, a outra
cena à luz de spots,
talvez apenas teu carinho,
mas tantas, tantas fiz...

travelling

Tarde da noite recoloco a casa toda em seu lugar.
Guardo os papéis todos que sobraram.
Confirmo para mim a solidez dos cadeados.
Nunca mais te disse uma palavra.
Do alto da serra de Petrópolis,
com um chapéu de ponta e um regador,
Elizabeth reconfirmava, "Perder
é mais fácil que se pensa".
Rasgo os papéis todos que sobraram.
"Os seus olhos pecam, mas seu corpo
não", dizia o tradutor preciso, simultâneo,
e suas mãos é que tremiam. "É perigoso",
ria a Carolina perita no papel Kodak.
A câmera em rasante viajava.
A voz em off nas montanhas, inextinguível
fogo domado da paixão, a voz
do espelho dos meus olhos,
negando-se a todas as viagens,
e a voz rascante da velocidade,
de todas três bebi um pouco
sem notar
como quem procura um fio.
Nunca mais te disse
uma palavra, repito, preciso alto,
tarde da noite,
enquanto desalinho
sem luxo
sede
agulhadas
os pareceres que ouvi num dia interminável:
sem parecer mais com a luz ofuscante desse mesmo dia
[interminável.

lá fora

há um amor
que entra de férias.
Há um embaçamento
de minhas agulhas
nítidas diante
dessa boa bisca
de mulher.
Há um placar
visível em altas horas,
pela persiana deste hotel,
fatal, que diz: fiado,
só depois de amanhã
e olhe lá,
onde a minha lâmina
cortante,
sofrendo de súbita
cegueira noturna,
pendura a conta
e não corta mais,
suspendendo seu pêndulo
de Nietzsche ou Poe
por um nada que pisca
e tira folga e sai
afiado para a rua
como um ato falho
deixando as chaves
soltas
em cima do balcão.

Volta e meia vasculho esta sacola preta à cata de um três por quatro.
Exatamente o meu peito está superlotado.
Os ditos dele zumbem por detrás.
Na batida dou com figuras de outras dimensões.
Nesta hora grave a mais peituda, estirada no sofá,
encara fixamente a mulher da máquina.
(Junto a lista lacônica das férias: mudança,
aborto, briga rápida com A, tensão dramática
em SP, carta para B — pura negação —,
afasia com H, tarde sentida no Castelo).
Fotografar era pescar na margem relvada do rio.
Rigidez aguardando um clique. Um still.
Que morresse pela boca.
Nesta volta e meia vira e mexe acabo achando ouro na sacola.
Fabulosas iscas do futuro.
Helicóptero sobrevoando baixo o hospital do câncer.
Sorriso gabola da turma de 71.
Papai, mamãe, a linha do horizonte.
Concorde. Bonde do desejo. Espaçonave.
Hoje mesmo quando olhei para o rosto exausto de Angelita.
Desde que o Sombra me falou de amor.

Queria falar da morte
e sua juventude me afagava.
Uma estabanada, alvíssima,
um palito. Entre dentes
não maldizia a distração
elétrica, beleza ossuda
al mare. Afogava-me.

sábado de aleluia

Escuta, Judas.
Antes que você parta pro teu baile.
A morte nos absorve inteiramente.
Tudo é aconchego árido.
Cheiro eterno de Proderm.
Mesa posta, e as garras da vontade.
A gana de procurar um por um
e pronunciar o escândalo.
Falar sem ser ouvida.
Desfraldar pendengas: te desejo.
Indiferença fanática ao ainda não.

Desde que voltei tenho sobressaltos
ao ouvir tua voz ao telefone.
Incertas. Às vezes me despeço com brutalidade.
Chego a parecer ingrata.
Não, Pedro, não quero mais brincar de puta.
Imagino outra coisa; que cochilo, e Luz me cobre
com seu peso-pluma. Consulto o boy da casa sobre a hora
e o minuto do próximo traslado.
Circulo sob o lustre do saguão. Espera ardente, transistor,
polaroide, passaporte verde, o céu azul. Deixo as chaves do
1114 soltas no balcão. Desço para o parque. Pego a China em
ondas curtas, pego o pó com medo, bato o filme até o fim
procurado desde a hora em que ela pôs os pés no sul.
Ou não era suicídio sobre a relva.
Eram brincos caídos
e um anel de jade que selasse numa dura castidade
minha fúria de batalha
que viaja e volta.
Desperto e vejo quatro estrelas
pela escotilha do comando.
Quase encosto no peito do piloto.

Tudo que eu nunca te disse, dentro destas margens.
A curriola consolava.
O assunto era sempre outro.
Os espiões não informavam direito.
A intimidade era teatro.
O tom de voz subtraía um número.
As cartas, quando chegavam, certos silêncios, nunca mais.
Excesso de atenção varrido para baixo do capacho.
Risco a lápis sobre o débito. Vermelho.
Agora chega. Hoje, aqui, de repente, de propósito, de batom,
leio: "Contas novas", em letras plásticas.
Três variações de assinatura.
Três dias para o livro de cheques desta agência.
Demito o agente e o atravessador.
Felicidade se chama meios de transporte.
Saída do cinema hipnótico. Ascensão e queda e ascensão e queda
deste império mas vou abrir um lacre.
Antes disso, um sus: pousa aqui. Ouve: "Como em turvas
águas de enchente..."
É lá fora. Espera.

fogo do final

Escrevendo no automóvel.
Pedra sobre pedra: você estava para chegar.
Numa providência, me desapaixonei, num risco, numa frase:
Não adiantam nem mesmo os bilhetes profanos pela grande imprensa.
Saudades do rigor de Catarina, impecável riscando o chão da sala.
Ancorada no carro em fogo pela capital: sightseeing no viaduto para a Liberdade. Caio chutando pedrinhas na calçada, damos adeus passando a mil, dirijo em círculo pelo maior passeio público do mundo, nos perdemos — exclamo num achado —, é tardíssimo, um deserto industrial com perigosas bocas imperguntáveis.
Não precisa responder.
Envelopes de jasmim.
Amizade nova com o carteiro do Brasil.
Cartões-postais escolhidos dedo a dedo.
No verso: atenção, estás falando para mim, sou eu que estou aqui, deste lado, como um marinheiro na ponta escura do cais.
É para você que escrevo, hipócrita.
Para você — sou eu que te seguro os ombros e grito verdades nos ouvidos, no último momento.
Me jogo aos teus pés inteiramente grata.
Bofetada de estalo — decolagem lancinante — baque de fuzil. É só para você y que letra tán hermosa. Pratos limpos atirados para o ar. Circo instantâneo, pano rápido mas exato descendo sobre a tua cabeleira de um só golpe, e o teu espanto!
Não tenho pressa.
Neste lago um vapor, neste lago.
Por enquanto não tem luz de lado amenizando a noite; nem um abajur.
Uma sentinela: ilha de terrível sede.

Hoje não estou me dando com as mulheres, ele responde, enfurecido, e bate o telefone num tropel.
As mulheres pedem: vem cá, te trato, faço um chá, mas nada, ele não vai mais à casa de ninguém e faz récita sozinho, como se não fosse com ninguém.
Meu velho:
Antes te dava chás de cadeira alternados com telefonemas de consultas: que faço com a mulher que mente tanto e me calunia pelas costas, ou o homem que pede que eu apenas faça sala para o seu silêncio?
O chá abria, mas eu queria uma quiromancia, um olho clínico, mundano, viajado, uma resposta aguda, uma pancada no miolo. Quem sabe uma corrida por fora da tabela, meio em zigue-zague, motorista de perícia desvairada.
Comprou carteira no Detran? E suicidaram-se os operários de Babel. Isso foi antes. Agora irretocável prefiro ficar fora, só na capa do seu livro.
Este é o jasmim.
Você de morte.
Não posso mais mentir. Corto meu jejum com dedos de prosa ao telefone, meu próprio fanatismo em ascensão: "O silêncio, o exílio, e a astúcia"?
Engato a quarta ao som de Revolution.
Descontinuidade. Iluminações no calçadão.
Ultimamente deu pra me turvar a vista.
Alerta não sou mais a mesma,
vertigem das alturas.
Você está errado: não é o romance da longa vida que começa. Não foi nossa razão que deu com os burros n'água. Nem o frio na espinha dentro do ar engarrafado no aterro do Flamengo. *Rush*. Não foi a pressa. O estabanamento na escada em espiral. O livro que falta na estante e no entanto deveria ficar lá onde está. A amizade recente com o carteiro do Brasil, que entra vila

adentro e bate na janela e me entrega o envelope pelo nome. Os grunhidos do ciúme. Minhas escapadas pelo grande mundo, suas retiradas para dentro da sólida mansão. Não foi nada disso. Então o quê?

26 de março.

Preciso começar de novo o caderno terapêutico.

Não é como o fogo do final. Um caderno terapêutico é outra história. É deslavada. Sem luvas. Meio bruta. É um papel que desistiu de dar recados. Uma imitação da lavanderia com suas máquinas a seco e suas prensas a vapor. Um relatório do instituto nacional do comércio, ríspido mas ditoso, inconfessadamente ditoso. Nele eu sou eu e você é você mesmo. Todos nós. Digo tudo com ais à vontade. E recolho os restos das conversas, ambulância. Trottoir na casa. Umas tantas cismas. O terapêutico não se faz de inocente ou rogado. Responde e passa as chaves. Metálico, estala na boca, sem cascata.

E de novo.

índice onomástico

Alvim, Francisco
Augusto, Eudoro
Bandeira, Manuel
Bishop, Elizabeth
Buarque, Helô
Carneiro, Angela
Dickinson, Emily
Drabik, Grażyna
Drummond, Carlos
Freitas Fº, Armando
Holiday, Billie
Joyce, James
Kleinman, Mary
Mansfield, Katherine
Meireles, Cecília
Melim, Angela
Mendes, Murilo
Muricy, Katia
Paz, Octavio
Pedrosa, Vera
Rhys, Jean
Stein, Gertrude
Whitman, Walt

dedicatória

E este é para o Armando.

Ana Cristina Cesar

INÉDITOS E DISPERSOS

Poesia/Prosa

[1985]

Créditos da edição original

Organização e seleção de textos:
Armando Freitas Filho
com a colaboração de Grazyna Drabik, Maria Luiza Cesar e Waldo Cesar.

Capa, projeto gráfico e seleção iconográfica:
Cecília Leal de Oliveira

Desenho da capa:
Bia Wouk ("É difícil ancorar um navio no espaço" — 1983 — 108 cm × 75 cm,
lápis de cor s/ papel)

Datilografia dos originais:
Maria Luiza Cesar e
Marilse Oliva

Fotografias:
Cecilia Leal de Oliveira, Cecilia Londres, Flavio Lenz Cesar, Flavio Cruz,
João Almino, Ricardo Chaves, Waldo Cesar e Agência IstoÉ.

Revisão:
Marcia Copola

Editora Brasiliense S.A.
01223 – R. General Jardim, 160
São Paulo – Brasil

1961-72

Desenho de Ana Cristina Cesar
s/ data

Era uma vez o conde Del Mar

que tinha o rei na barriga.

Era uma vez a princesa Anabela

que resolveu furar a barriga do conde.

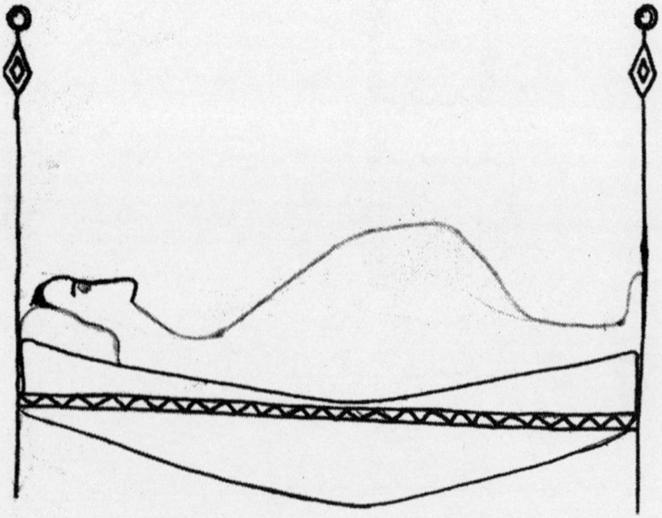

Anabela pegou um grande alfinete
de fralda de nenê
E quando o conde dormia,

Ela foi de mansinho,abaixou a ponte levadiça

E espetou o alfinete na barriga do conde.

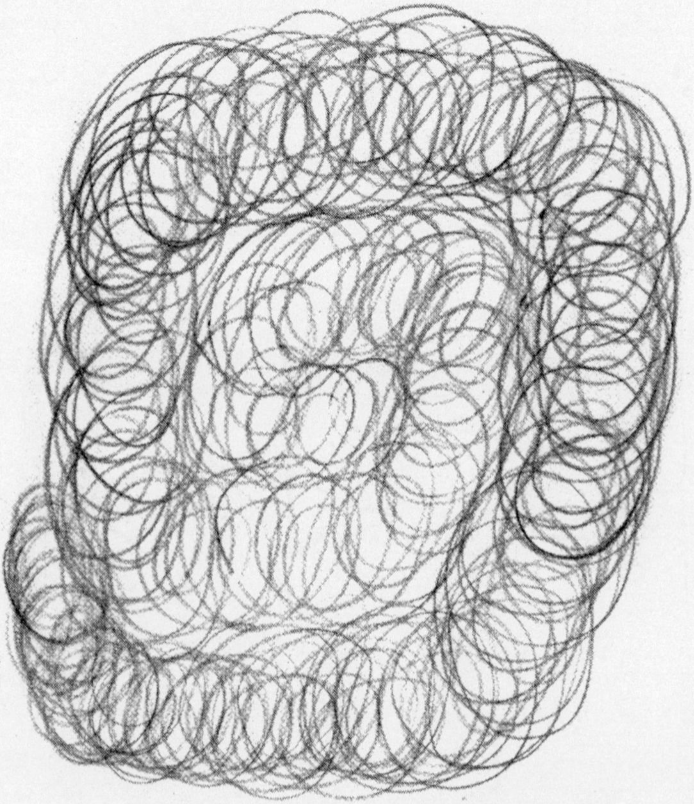

Ouviu-se um grande estrondo:cata, pum!

É uma fumaça preta como carvão

Envolveu o aposento do Del Mar.

E -oh!.- o que aconteceu?

Lindo rei apareceu e o conde ficou magro!

E Anabela quis logo casar com o rei...

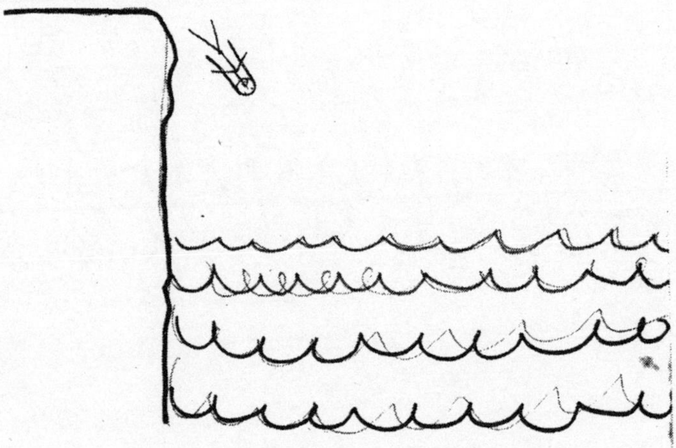

E no dia do casamento? Ó céus!, ó mares!

A princesa sai correndo e se atira no mar!

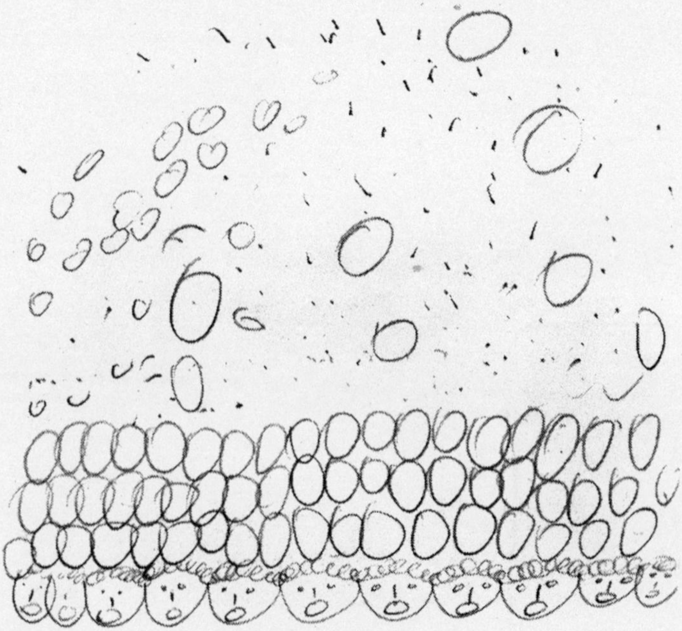

Por quê? Por quê? perguntam todos?

Era porque as tripas do conde estavam

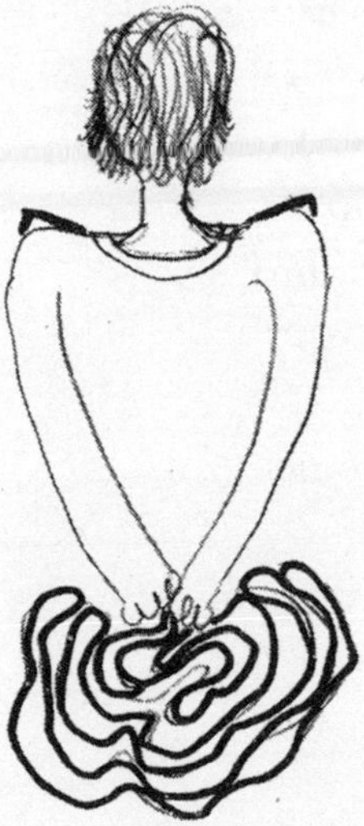

NA MÃO DO REI!

a terceira noite

Era uma terceira noite.
O giroscópio girava girando.
Minha gravata balouçava no ar.
Meus guizos tocavam tocando.
Meu coração batia batendo.

Subi as escadas da noite.
Desci as escadas do dia.
Fui descendo para cima,
E subindo para baixo!

Mas num dado momento,
Eis que sibila o vento
As escadas se corrompem
O quarto dia despenca
E a nova noite aqui fica

1961/2

esvoaça... esvoaça...

Dedico a meu pai, bom e viajoso.

É como a vela que se apaga,
E a fumaça sobe e se atenua.
É o amor fraco que se apaga,
Não adiantam poemas para a lua.

Sofre o homem, o amor acaba
E a doce influência esvoaça
Como o fio adelgaçado
De fina e translúcida fumaça

Esvoaça, esvoaça...
Atenua o amor,
Atenua a fumaça.

Para que tanta dor?
E o amor que vai sumindo,
Adelgaça, esvoaça, esvoaça...

maio/63

chove

A chuva cai.
Os telhados estão molhados,
Os pingos escorrem pelas vidraças.
O céu está branco,
O tempo está novo,
A cidade lavada.
A tarde entardece,
Sem o ciciar das cigarras,
Sem o jubilar dos pássaros,
Sem o sol, sem o céu.
Chove.
A chuva chove molhada,
No teto dos guarda-chuvas.
Chove.
A chuva chove ligeira,
Nos nossos olhos e molha.
O vento venta ventado,
Nos vidros que se embalançam,
Nas plantas que se desdobram.
Chove nas praias desertas,
Chove no mar que está cinza,
Chove no asfalto negro,
Chove nos corações.
Chove em cada alma,
Em cada refúgio chove;
E quando me olhaste em mim,
Com olhos que me seguiam,
E enquanto a chuva caía
No meu coração chovia
A chuva do teu olhar.

novembro/65

quando chegar

Quando eu morrer,
Anjos meus,
Fazei-me desaparecer, sumir, evaporar
Desta terra louca
Permiti que eu seja mais um desaparecido
Da lista de mortos de algum campo de batalha
Para que eu nao fique exposto
Em algum necrotério branco
Para que não me cortem o ventre
Com propósitos autopsianos
Para que não jaza num caixão frio
Coberto de flores mornas
Para que não sinta mais os afagos
Desta gente tão longe
Para que não ouça reboando eternos
Os ecos de teus soluços
Para que perca-se no éter
O lixo desta memória
Para que apaguem-se bruscos
As marcas do meu sofrer
Para que a morte só seja
Um descanso calmo e doce
Um calmo e doce descanso.

julho/67

quartetos

Desdenho os teus passos
Retórica triste:
Sorrio e na alma
De ti nada existe

Eu morro e remorro
Na vida que passa
Eu ouço teus passos
Compasso infernal

Nasci para a vida
De morte vivi
Mas tudo se acaba
Silêncio. Morri.

1967

poesia de 1º de outubro

Meu coração está batendo pelo teu...
Odeio este jornal que me separa de ti
Me separa de ti...
Me separa...

Gosto da minha mão quando há um elástico no punho.
Ou mesmo um barbante branco,
Esfiapado,
Desses que os padeiros usam para embrulhar
O pão.
Então os meus dedos ficam longos e repousados
E parecem não dizer nada
Rindo-me de dentro de um silêncio que me apraz.

Baixa teu jornal, homem!

outubro/67

ciúmes

Tenho ciúmes deste cigarro que você fuma
Tão distraidamente.

abril/68

onze horas

Hoje comprei um bloco novo.
Pensei: a você o bloco, a você meu oco.
Ao lápis a mão e os pensamentos em coro
Me sugeriam rimas e sons mortos.
Para, coisa. Se oculta, rosto.
Cessa estes ecos porcos,
Esta imundície coxa, este braço torto
Reabre o tapume verde do poço,
Salta dentro, ao negrume tosco
E se nada resta afoga-se no lodo
Para que sobre o resto do nada, o sono.
(Sussurro.) Euvocê.

maio/68

neste interlúnio

Neste interlúnio
Sou um dilúvio ou me afogo.
E entre espectros que comprimem,
Nada se cumpre,
O destino esfarela.
De querela e farinha se ergue um olho.
As vozes despetalam,
Os períodos se abrandam,
Orações inteiras lentas se consomem,
Em poços há sumiço de palavras moucas.
Neste interlúnio
Sou fagulha ou hulha inerte.
Enorme berne entra corpo adentro,
Entre os dentes, carne.
Arde o ente e cospe,
Cuspe inútil invadindo espaço.
Moléculas moles coleando,
Víboras vagas se rimando,
Poetas quietos entreolhando
Coisas coisas que falecem.
Neste interlúnio,
Sou coisa ou poeta.

agosto/68

protuberância

Este sorriso que muitos chamam de boca
É antes um chafariz, uma coisa louca
Sou amativa antes de tudo
embora o mundo me condene
Devo falar em nariz (as pontas rimam por dentro)
Se nos determos amanhã
Pelo menos não haverá necessidades frugais nos espreitando
Quem me emprestar seu peito na madrugada
E me consolar, talvez tal vez me ensine um assobio
Não sei se me querem, escondo-me sem impasses
E repitamos a amadora sou,
                    armadora decerto atrás das portas
Não abro para ninguém, e se a pena é lépida, nada me detém
É sem dúvida inútil o chuvisco de meus olhos
O círculo se abre em circunferências concêntricas que se
                                                            [fecham sobre si mesmas
No ano 2001 terei (2001 – 1952 =) 49 anos e serei uma rainha
                    rainha de quem, quê, não importa
                    E se eu morrer antes disso
                    Não verei a lua mais de perto
                    Talvez me irrite pisar no impisável
                    e a morte deve ser muito mais gostosa
                    recheada com marchemélou
                    Uma lâmpada queimada me contempla
                    Eu dentro do templo chuto o tempo
                    Uma palavra me delineia
                    VORAZ
                    E em breve a sombra se dilui,
                    Se perde o anjo.

setembro/68

mancha

Tenho 16 anos
Sou viúva
De família azul
De cabelos esvoaçantes
(E nada rebeldes)
Sou genial sob todos os pontos de vista,
Inclusive de perfil
A poesia é uma mentira, mora.
Pelo menos me tira da verdade relativa
E ativa a circulação consanguínea
A Pedra Filosofal é um tanto ou quanto besta
Plutarcoplatãopauto
Plutãoturcotãopauto
Platocotãopuloplau

Desisto: tenho 16 anos.
E perdi-me agora rabiscando-te.

setembro/68

do diário não diário "inconfissões"

Forma sem norma
Defesa cotidiana
Conteúdo tudo
Abranges uma ana

inconfissões — 17.10.68

rompimento

Nas instâncias do momento zero
Um sopro por entre as telhas sai
Sombra, cobra, obra, nada quero
Para o olho imerso um rasgo vai

Esta nesga súbita que eu vi
Este segredo que nunca está
Este terremoto que entreouvi
São alento e fôlego do ar

Ressurge, pedra do abismo dor
Reabre o séquito de fagulha
Silêncio névoa neva em mim

Vai-se o inútil salmo, o inútil amor
Em cada começo o fio e a agulha
Em cada som um nome só: fim

inconfissões — 28.10.68

soneto

Pergunto aqui se sou louca
Quem quem saberá dizer
Pergunto mais, se sou sã
E ainda mais, se sou eu

Que uso o viés pra amar
E finjo fingir que finjo
Adorar o fingimento
Fingindo que sou fingida

Pergunto aqui meus senhores
Quem é a loura donzela
Que se chama Ana Cristina

E que se diz ser alguém
É um fenômeno mor
Ou é um lapso sutil?

inconfissões — 31.10.68

véspera

Nesta única ilustração
Está um único ilustre
No vazio teto da sala
Pendurado um lustre sozinho

No lustre uma lâmpada só
Na lâmpada um só vestígio
No fim do vestígio uma fraude
No canto da fraude um esqueleto

Em cima da mesa uma empada
— Litígio recheado de ar —
Um balde contém nada mais

Que o resto do enorme aposento
Pelo qual esvoaça uma mosca
Memento único do vivo

inconfissões — 31.10.68

fagulha

Abri curiosa
o céu.
Assim, afastando de leve as cortinas.
Eu queria rir, chorar,
ou pelo menos sorrir
com a mesma leveza com que
os ares me beijavam.

Eu queria entrar,
coração ante coração,
inteiriça,
ou pelo menos mover-me um pouco,
com aquela parcimônia que caracterizava
as agitações me chamando.

Eu queria até mesmo
saber ver,
e num movimento redondo
como as ondas
que me circundavam, invisíveis,
abraçar com as retinas
cada pedacinho de matéria viva.

Eu queria
(só)
perceber o invislumbrável
no levíssimo que sobrevoava.

Eu queria
apanhar uma braçada
do infinito em luz que a mim se misturava.

Eu queria
captar o impercebido
nos momentos mínimos do espaço
nu e cheio.

Eu queria
ao menos manter descerradas as cortinas
na impossibilidade de tangê-las

Eu não sabia
que virar pelo avesso
era uma experiência mortal

inconfissões — novembro/68

toalha branca

Uma toalha branca esvoaça —
Acontecimento único no espaço —
embora fluidos se diluam entre dúvidas e certezas,
embora riscos passem invisíveis, vacilando,
embora meteoros jamais vistos se beijem impotentes,
embora sombras agigantadas se agitem nos crepúsculos,
embora abismos contorcidos se abram e se fechem,
embora coisas imóveis perpassem e retornem,
embora uma roda gire, silenciosamente fechada,
embora ninguém se fale, e as vozes encham o ar,
embora o preventivo transforme-se em soluço seco,
embora uma lágrima — ou milhares — não se agitem,
embora rodamoinhos eflúvios chamusquem almas —
uma toalha branca esvoaça
decompondo-se a cada voo, a cada passo.

inconfissões — *7.11.68*

ante-sonho

O súbito preamar
amor prelúdio
anuncia.

Inesperadas estrelas
silhuetas
que se unem
ajuntam.

Céus sem vácuo
Véus caindo
ainda findam.

inconfissões — novembro/68

sonho

Entre os complementos
uma massa se agita,
indecisa.

Por sobre os remendos
uma nuvem se estica,
esbranquecida.

Unindo os membros
uma luz principia,
unida.

Entre os complementos.

inconfissões — novembro/68

nó

E sobre tudo atento repousa
meu intento esqueleto mudo
Do túmulo quem ousa erguer-se
Do píncaro estrebucha: FETO

E em nada ausente levanta
minha mente caverna armada
Da ânfora quem vai virar-se
Do cúmulo despenca: ERMO

dezembro/68

água virgem

Perdi-me no entrelaçar-se de malhas.
Entreguei-me no manchar-se de sonhos.
Marquei-me no soluçar-se de perdas.

Sob o peso deste som
um flautim
Sob o som deste peso
uma queda

rachou
a chave
calou
a chuva
barrou
a chama

(chuvisca no centro meu — nenhum grito)

inconfissões — dezembro/68

fevereiro

Quando desisto é que surges
Quando ruges é que caio.
Quando desmaio é que corres
Quando te moves me acho
Quando calo me curas
E se te misturo me perco
(assobia!)

4.2.69

Tenho uma folha branca
e limpa à minha espera:
mudo convite

tenho uma cama branca
e limpa à minha espera:
mudo convite

tenho uma vida branca
e limpa à minha espera:

5.2.69

Ela ficava olhando pela janela
vertendo seu único olho pela janela
com o pé em cima da janela
Ela ficava olhando pela janela
O dia inteiro o olho, o pé, a janela
em cima embaixo pelos lados da janela
Ela ficava olhando pela janela
um dia ela cansou de olhar e fechou a janela
mas era dura e não fechava a janela
Ela ficava olhando pela janela
às vezes tentava mas logo esquecia da janela
que sempre aberta com um olho e um pé a janela
Ela ficava olhando pela janela
até que um dia seus pensamentos dissociaram a janela
que caiu inteiriça, e era uma caída janela
Ela ficava olhando pela janela
que não era, nem existia como janela:
Ela ficava olhando pelo buraco

11.2.69

relógios que me remetem à minha infância:

(toque quieto: toque quieto: toque quieto:)

não haverá parto deste suspiro-feto:
espraia antigo lume, cresce nova ânsia:
    de sonho em sonho o instante está completo:
    sons se deitam novos sobre dor tão mansa:
    cala o fim que foge, vai-se a voz que cansa:
    firmes nós já gastos entre o peito aberto:
estrela, terra, e velho sono a mim alcança:
cresceram mares outros neste estar repleto:
esqueci, perdi o tom, lembrei, achei a dança:
    nascem formas tontas, cai-se todo teto:
    pura vida me remete à infância:
    quieto toque: quieto toque:

(TOQUE QUIETO)

22.5.69

estou atrás

do despojamento mais inteiro
da simplicidade mais erma
da palavra mais recém-nascida
do inteiro mais despojado
do ermo mais simples
do nascimento a mais da palavra

28.5.69

Velha idade dos primeiros derradeiros
Arquipélagos arenosos e bruscos
Busco o sopro cálido das caladas faces de junho
Faço novos jogos no infinito em pó que se renasce
Posso derrubar ou erguer o mito
a esmo.

Acabou-se o pródigo ímpeto das únicas asas circundantes
sangue (antes)

15.6.69

visita

olhos por olhos
um copo, uma gota dágua
atrás deste flaflu
        desta caixinha de música
        desta bala de goma

teu gosto, tua cor, teu som, teu meu

15.6.69

primeiras notícias da Inglaterra

Espremendo cravos
(imundícies primeiras num rosto semi-infantil)
beberico
os nevoeiros britânicos em mim e por fora
(e o amor se germanizando todo)

16.6.69

primeiras reflexões sobre a Inglaterra

Místico império abotoado de cima a baixo me perscruta:
chás de fog
mantôs de torres londrinas
charnecas entremeadas por canais da mancha
velhas manchas indissolúveis
novíssimas febres dissolvendo as câmaras
camas de Shakespeare
bicicletas para dois big-bens
portos ventos frios céus
rainhas salvas pelo Deus de domingo
gramas derivando sobre ilhas de Wight
sombras intumescidas de castelos de monóculos
resquícios de guitarras encachimbadas
cachecóis estereótipos num último ataque epilético
I BEG YOUR PARDON!!!

16.6.69

enquanto

Que dentadas tão pragmáticas.
Moscas não existem.
O à-toa de hoje, de ontem,
não
existe.
Só sou se sendo sou sido
Que espiadelas cancerosas.
Que que que sem inteiro.
Acintosos passos em direção a outros passos.
De grau em degrau,
relativos nos engolimos como sopa.
Ó costelas de minhalma
acastelai-vos na quarentena de munições,
                                        mil lições arcaicas.

Reis, coisas e cães,
uma novíssima muralha vos espera.

21.6.69

dias não menos dias

chora-se com a facilidade das nascentes
nasce-se sem querer, de um jato, como uma dádiva
(às primeiras virações vi corações se entrefugindo todos
ninguém soubera antes o que havia de ser não bater as
[pálpebras em monocorde
e a tarde
pendurada no raminho de um
fagáceo arborescente
deixava-se ir
muda feito uma coisa última)

27.6.69

CHAMEI UMA ENFERMEIRA
para agitar uma orelha enrijecida
(é preciso curar da doença do sono!
é preciso sacudir estes podres juncos!
é preciso unir e deixar de mastigar canetas.)
SOB PONTUAÇÕES IMPRECISAS
TUA LARGUEZA É MAIOR QUE NOMES
despertando talvez elaboremos novos riachos
nevemos novíssimas dúvidas
amarremos remos inúteis

(Em busca da palavra exata
me engasguei num horizonte curto demais
o resultado é uma concessão desencadeada
reveladora de cadeias que *Libertem*)

29.6.69

poema óbvio

Não sou idêntica a mim mesmo
sou e não sou ao mesmo tempo, no mesmo lugar e sob o mesmo
[ponto de vista
Não sou divina, não tenho causa
Não tenho razão de ser nem finalidade própria:
Sou a própria lógica circundante

junho/69

confissão

meus cavalões irmões
eu rimei falso
eu menti mal
eu perdi o júbilo
eu desorganizei florestas
eu pronunciei eu
não sei de nada
quebrei o juízo
parti anéis de vidro
desertei sem delongas
ME ABAIXEI!

meus pais
me espanquem
e aos cavalões também

3.7.69

deus na antecâmara

Mereço (merecemos, meretrizes)
perdão (perdoai-nos, patres conscripti)
socorro (correi, vaiei-nos, santos perdidos)

Eu quero me livrar desta poesia infecta
beijar mãos sem elos sem tinturas
consciências soltas pelos ventos
desatando o culto das antecedências
sem medo de dedos de dados de dúvidas
em prontidão sanguinária

(sangue e amor se aconchegando
hora atrás de hora)

Eu quero pensar ao apalpar
eu quero dizer ao conviver
eu quero parir ao repartir

filho
pai
e
fogo
DE-LI-BE-RA-DA-MEN-TE
abertos ao tudo inteiro
maiores que o todo nosso
em nós (com a gente) se dando

HOMEM: ACORDA!

3.7.69

O nome de gato assegura minha vigília
e morde meu pulso distraído
finjo escrever gato, digo: pupilas, focinhos
e patas emergentes. Mas onde repousa

o nome, ataque e fingimento,
estou ameaçada e repetida
e antecipada pela espreita meio adormecida
do gato que riscaste por te preceder e

perder em traços a visão contígua
de coisa que surge aos saltos
no tempo, ameaçando de morte
a própria forma ameaçada do desenho
e o gato transcrito que antes era
marca do meu rosto, garra no meu seio.

2.10.72

Localizaste o tempo e o espaço no discurso
que não se gatografa impunemente.
É ilusório pensar que restam dúvidas
e [illegible] repetir o pedido imediato.
O nome morto vira lápide,
falsa impressão de eternidade.
Nem mesmo o cio exterior escapa ~~à presa~~
à presa discursiva que não ~~sabe~~.
Nem mesmo o gosto frio de cerveja no teu corpo
se localiza solto na grafia.
Por mais que se gastem sete vidas
a pressa do discurso recomeça a recontá-las
~~[illegible]~~ fixamente, sem denúncia e
~~[illegible]~~ gatográfica que a[illegible]. ~~cale e [illegible]~~.
salte e cale.

Localizaste o tempo e o espaço no discurso
que não se gatografa impunemente.
É ilusório pensar que restam dúvidas
e repetir o pedido imediato.
O nome morto vira lápide,
falsa impressão de eternidade.
Nem mesmo o cio exterior escapa
à presa discursiva que não sabe.
Nem mesmo o gosto frio de cerveja no teu corpo
se localiza solto na grafia.
Por mais que se gastem sete vidas
a pressa do discurso recomeça a recontá-las
fixamente, sem denúncia
gatográfica que a salte e cale.

2.10.72

Estão caindo sobre mim cacos sem peso
porque retorno em quedas sobre os braços
                    volto ao espaço circunscrito, mas me teme
meu corpo lento e bioquímico no escuro, e
lentamente sei que me dissolvo aos
quinze miligramas, seca
em queda de paralisia quantificável.

Silêncio
retornando sobre quedas
paralisia em caixa, crédito e cheque onde
risco assinatura de meu nome; hipnótico aconchego dos
números menores, em firmas menores que ainda registram
arabescamente seus lucros; eu queria:

Silêncio de resposta e sangue ainda
os vidros soltos sobre a cara
mesmo sem saber que retornamos
saibamos que o espelho que desaba
fere e contunde nossa cara

5.10.72

Ainda o gato vigia e expõe as unhas
e segura o instrumento que o revira
e finge deitar-se sobre a letra
e nela cobrir sua barriga.
O desenho que te peço tu cobriste
de não saber, e rasgaste a paixão
súbita pelo animal e a incerteza
de escrevê-lo.
O gato que não soubeste tem cheiro concreto
e se enrodilha concreto e morde
e saltas contornando os meus pelos
e colo inseguro com cheiros
e manchas e pele presa no espaço
recortado em gatos pretendidos.

2.10.72

O gato desaparece do poema
feito de leitura ensanguentada e surda.
Coisa química transpondo o louco
crescimento endurecido.
Ruptura anseias de ter gato
e escapá-lo das cabeças das medusas
e desenhá-lo nas escarpas dos seus pulos
e neles arrastar o sal espesso
dos seus pelos umedecidos pela espera, e a dor
de não poder cindir a noite,
nem o dia,
nem estranhamente sumir às vistas
do monstro e sem saber
fluindo entrar nesse poema.

d'après Jorge de Lima
Invenção de Orfeu IV, I

O gato era um dia imaginado nas palavras
conforme os gastos diários pensamentos
o gato era um dia como um futuro
e enterro temido dos palmares.
O gato era excluso do meu tempo
e arranhava em espaços esse dia
o gato era gato que não símbolo
e símbolo que não era nesse dia
o gato era o dia sem poeta
redividindo em dias os seus saltos
que dia a dia seriam de montanhas
e desenhos e escritos que parassem
o dia do gato que seria
e o salto futuro do poeta.

d'après Jorge de Lima
Invenção de Orfeu III, XXII

Nem agora posso ver minha vontade amada
de destituir-me dos inícios revividos

e esquecer o tempo e o espaço do discurso
como um gato que se apaga do caderno;

em ti espio teus ensaios
de silenciar os ossos removentes

e penetro tua testa onde se encrava
o sangue de arranhões das tentativas.

Nem agora posso ver minha leitura
e dela me afastar num salto único

sem ter donde fugir, isenta e clara.
Nem agora os verbos me consolam

e saltam como gatos desgarrados
por cima dessas pedras que me inscrevem.

d'après Jorge de Lima
Invenção de Orfeu I, XXII

Os gatos jamais me deem à sensação
à toa
de ter adormecido antes do perigo
onde há carne, e líquido, e suor lento

engolindo a vontade da Palavra.
Que culpa tenho deste sono que se origina
antes de mim,
na dúvida de saber que sorriso fez

os gatos de músculo me atentando
me querendo sem roupas e ao frio
dos telhados

escrevendo as coisas felinas confundidas
e seus pulos imitando sem desenho
"onde a loucura dorme inteira e sem lacunas".

d'après Jorge de Lima
Invenção de Orfeu I, XXII

Tu queres sono: despe-te dos ruídos, e
dos restos do dia, tira da tua boca
o punhal e o trânsito, sombras de
teus gritos, e roupas, choros, cordas e

também as faces que assomam sobre a
tua sonora forma de olhar, e os outros corpos
que se deitam e se pisam, e as moscas
que sobrevoam o cadáver do teu pai, e a dor (não ouças)

que se prepara para carpir tua vigília, e os cantos que
esqueceram teus braços, e tantos movimentos
que perdem teus silêncios, e os ventos altos

que não dormem, que te olham da janela,
e em tua porta penetram como loucos
pois nada te abandonas e nem tu ao sono.

d'après Jorge de Lima
Invenção de Orfeu I, XXXIII

2.10.72

tu queres gato: tira do teu ventre
morno medida de tua garra,
o formato e as unhas te fazendo,
tuas certezas, teu único sonho, botas e

cobertas que também desfazem teu salto
e se apronta para sobrevoar o campo alheio
e se lançar meio tigre sobre as marcas
que nao sabes nem sabes repousar, e os gemidos

de fome em gato não ouças, mas vive
os cantos da casa e os pelos amedrontados
e a ameaça acordando o nome gasto

e se deita depois num lento revirar ignorado,
torna a escrita e o desenho que ressonam
desconhecidos traços te seguindo.

d'après Jorge de Lima
Invenção de Orfeu I, XXXIII

Gatos vieram, à noite, perseguindo,
deitaram seu hálito sobre o sono.
Logo após o salto imaginário
de fatos e palavras misturados

vieram saber de cada gato
o gato que os soubesse, e a todos
compusesse dos restos de desenho
e traços e sexos procurados.

Porque nesse instante perdeu-se
a voz que os miasse e desse forma
e de gato se fizesse sem engenho

e deformando-os em bichos nunca vistos,
não mais linguagens perseguidas,
mas gato somente se lambendo.

d'après Jorge de Lima
Invenção de Orfeu I, XVIII

arte-manhas de um gasto gato

Não sei desenhar gato.
Não sei escrever gato.
Não sei gatografia
          nem a linguagem felina das suas artimanhas
Nem as artimanhas felinas da sua não-linguagem
Nem o que o dito gato pensa do hipopótamo (não o de Eliot)
Eliot e os gatos de Eliot ("Practical Cats")
Os que não sei
e nunca escreverei na tua cama.
O hipopótamo e suas hipopotas ameaçam gato (que não é
                                                  [hipogato)
Antes hiponímico.
Coisa com peso e forma do peso
e o nome do gato?
J. Alfred Prufrock? J. Pinto Fernandes?
o nome do gato é nome de estação de trem
o inverno dentro dos bares
a necessidade quente de tê-lo
onde vamos diariamente fingindo nomear
eu — o gato — e a grafia de minhas garras:
toma: lê o que escrevo em teu rosto
lê o que rasgo — e tomo — de teu rosto
a parte que em ti é minha — é gato
leio onde te tenho gato
e a gatografia que nunca sei
aprendi na marca no meu rosto
aprendi nas garras que tomei
e me tornei parte e tua — gata — a
saltar sobre montanhas como um gato
e deixar arco-irisado esse meu salto

saltar nem ao menos sabendo que desenho
e escrita esperam gato
saltar felinamente sobre o nome de gato
ameaçado
ameaçado o nome de G A T O
ameaçado o nome de G A S T O
ameaçado de morrer na gastura de meu nome
repito e me auto-ameaço:
não sei desenhar gato
não sei escrever gato
não sei gatografia
                    nem...

PUC, 2.10.72 — Biblioteca Padre Augusto Magne

Cada
busca inú-
til me traz uma
impressão longín-
qua de despedaçar-se:
chegou-se a algum lugar,
afinal, pois chegamos quando
nos dispomos a continuar; mas a
que custo! Seria talvez mais desejável
para nós, gente, não chegar, achando quem
sabe um último suspiro depois de um úl-
timo passo. { Cada noite que desce sôbre uma
espera vã traz-me à bôca um gôsto de vinagre, aos
ouvidos um som qualquer que ensurdeça. Ninguém
e disse adeus, e na ausência de luz alguém está morren-
o sòzinho. { Cada vez que não morremos parece-me
e demos mais um passo para trás, progredimos no
ntido inverso, chegamos, pois que nos levan tamos para
osseguir. E nestes dias de indolência, ôco, ânsia ocul-
a, uma sensação de interminabilidade sobe, sobe,
elas veias sobe. Nada. Esta falta de sê- gêdo é
uma chegada, no seu verdadeiro signifi-
cado: chegada é sempre escala; ponto
para respirar; pela penúl-
tima vez, quem sabe.
— — — — — — — — — — — —

Esta
brisa
marinha
semimágica
que entra tão
sub-repticiamente
pela janela denuncia
o quê? ou liquefaz meus
suspiros em mistério tátil e
tácito — — — — — — — — — —
Meus Deus, de nôvo a brisa a me
desalienar e desalinhar, despertando
o borbulhar que o ano inteirinho pressentiu —
— — — — — — — — — — — — Suspirosa
e oleosa, uma tonta. Ligo o rádio. Será que eu
fui engolida inteira? Faz de conta que a mi-
nha digestão é fácil, que as grandes partes se
derreteram já, que os ossos cuspidos estão ar-
rumados, insensíveis e ressecando — — — — —
— — — — — Ouvi dizer, li em algum lugar: Ana
é idiota. Se conspirassem contra mim, tal- vez
eu fôsse. — — — — A noite des-
pencou e quebrou três estrêlas.
— — — — — — — — — — — —

Cada busca inútil me traz uma impressão longínqua de despedaçar-se: chegou-se a algum lugar, afinal, pois chegamos quando nos dispomos a continuar; mas a que custo! Seria talvez mais desejável para nós, gente, não chegar, achando quem sabe um último suspiro depois de um último passo.
Cada noite que desce sobre uma espera vã traz-me à boca um gosto de vinagre, aos ouvidos um som qualquer que ensurdeça. Ninguém se disse adeus, e na ausência de luz alguém está morrendo sozinho.
Cada vez que não morremos parece-me que demos mais um passo para trás, progredimos no sentido inverso, chegamos, pois que nos levantamos para prosseguir. E nestes dias de indolência, oco, ânsia oculta, uma sensação de interminabilidade sobe, sobe, pelas veias sobe. Nada. Esta falta de segredo é uma chegada, no seu verdadeiro significado: chegada é sempre escala; ponto para respirar; pela penúltima vez, quem sabe.

Esta brisa marinha semimágica que entra tão sub-repticiamente pela janela denuncia o quê? ou liquefaz meus suspiros em mistério tátil e tácito. Meu Deus, de novo a brisa a me desalienar e desalinhar, despertando o borbulhar que o ano inteirinho pressentiu. Suspirosa e oleosa, uma tonta. Ligo o rádio. Será que eu fui engolida inteira? Faz de conta que a minha digestão é fácil, que as grandes partes se derreteram já, que os ossos cuspidos estão arrumados, insensíveis e ressecando. Ouvi dizer, li em algum lugar: Ana é idiota. Se conspirassem contra mim, talvez eu fosse. A noite despencou e quebrou três estrelas.

[Texto de "Gota a gota", original da autora reproduzido na página anterior.]

como rasurar a paisagem

a fotografia
é um tempo morto
fictício retorno à simetria

secreto desejo do poema
censura impossível
do poeta

a luz pa
terna me u me
dece tí
mida luta me encar
cera úl
timo ap
ego me inti
mida semen
te poé
tica do me do
tão heavy leve tér
mino ilu
mina

psicografia

Também eu saio à revelia
e procuro uma síntese nas demoras
cato obsessões com fria têmpera e digo
do coração: não soube e digo
da palavra: não digo (não posso ainda acreditar
na vida) e demito o verso como quem acena
e vivo como quem despede a raiva de ter visto

carta de paris

I

Eu penso em você, minha filha. Aqui lágrimas fracas, dores mínimas, chuvas outonais apenas esboçando a majestade de um choro de viúva, águas mentirosas fecundando campos de melancolia,

tudo isso de repente iluminou minha memória quando cruzei a ponte sobre o Sena. A velha Paris já terminou. As cidades mudam mas meu coração está perdido, e é apenas em delírio que vejo

campos de batalha, museus abandonados, barricadas, avenida ocupada por bandeiras, muros com a palavra, palavras de ordem desgarradas; apenas em delírio vejo

Anai's de capa negra bebendo com Henry no café, Jean à la garçonne cruzando com Jean-Paul nos Elysées, Gene dançando à meia-luz com Leslie fazendo de francesa, e Charles que flana e desespera e volta para casa com frio da manhã e pensa na Força de trabalho que desperta,

na fuga da gaiola, na sede no deserto, na dor que toma conta, lama dura, pó, poeira, calor inesperado na cidade, garganta ressecada,

talvez bichos que falam, ou exilados com sede que num instante esquecem que esqueceram e escapam do mito estranho e fatal da terra amada, onde há tempestades, e olham de viés o céu gelado, e passam sem reproches, ainda sem poderem dizer que voltar é impreciso, desejo inacabado, ficar, deixar, cruzar a ponte sobre o rio.

II

Paris muda! mas minha melancolia não se move. Beaubourg, Forum des Halles, metrô profundo, ponte impossível sobre o rio, tudo vira alegoria: minha paixão pesa como pedra.

Diante da catedral vazia a dor de sempre me alimenta. Penso no meu Charles, com seus gestos loucos e nos profissionais do não retorno, que desejam Paris sublime para sempre, sem trégua, e penso em você,

minha filha viúva para sempre, prostituta, travesti, bagagem do disk jockey que te acorda no meio da manhã, e não paga adiantado, e desperta teus sonhos de noiva protegida, e penso em você,

amante sedutora, mãe de todos nós perdidos em Paris, atravessando pontes, espalhando o medo de voltar para as luzes trêmulas dos trópicos, o fim dos sonhos deste exílio, as aves que aqui gorjeiam, e penso enfim, do nevoeiro,

em alguém que perdeu o jogo para sempre, e para sempre procura as tetas da Dor que amamenta a nossa fome e embala a orfandade esquecida nesta ilha, neste parque

onde me perco e me exilo na memória; e penso em Paris que enfim me rende, na bandeira branca desfraldada, navegantes esquecidos numa balsa, cativos, vencidos, afogados... e em outros mais ainda!

quatro quartetos

a tarde inteira do só e a quatro
esperar a visita da História trabalhar larvas
plagas desejos e palavra
abcesso sempre os mesmos

torcer desenganados versos
de partir sem preparativos sem
possuir pela última vez
este regaço descolorido turvo

aos guinchos pútrida posso
dizer a mãe entre os porcos da avenida
mesmo de cá de quatro me comove não
escapo das quatro

extremidades ainda que me Dylan
tome a mão ainda que
desaprender sonetos reivindicar o nome
os mortos não precisam

conto de natal

"Venham ver o que eu acabei de fazer!"
mamãe nos chamou entusiasmada para vermos o troço que dava três voltas e meia na água amarela pontinha apontando para cima. Eu teria nove anos Mahler à escuta dava grandes viradas. Ora o chamado me parecia leve leve brincadeira deliciosa incursão na intimidade materna. Víamos o cocô rir os três juntinhos e enroladinhos irmãozinho habita essa água comigo. Mamãe esbelta dobrava sua pança reproduzida ante os nossos brilhados olhos. Mas ora o chamado me parecera uma violência, vejam só o bicho estreito que se alongou entre as minhas carnes, o cheiro que exaláveis ao escapar de mim, eu não podia estancar meu riso de nove anos, nove nervosos anos debates quantas vezes se escapava aquela pança. Eu e irmãozinho ríamos as quentes saias como caberíamos na poça na bolsa o fedor comprido que viria pulsando de mamãe. Meu riso era incontrolável desagradável como peidos soluçantes. Meu riso não era intacto nem roliço, não desmentia meus anos não se espremia para boiar vitorioso. Meu riso eram gritos de chamado. Mamãe narrava seu ato longilíneo, compartilhava o feito inteiro, talvez pronto para o prato, meus soluços. Fiquei botando água pelos olhos, junto dos ladrilhos ar vaporoso de banheiro. Irmãozinho queria preservar o troço, com certo medo pensava mamãe soltaria répteis, a chegada de outro réptil no campo de guerra que ocupávamos os dois apavorava as franjas e seu riso dentuço também chorava, guarda, guarda, ia dizendo e apertando o cotovelo inquieto da mamãe. Mas era impossível, não se preservaria o cocô as formas inteiriças o presépio anfíbio na privada.

as palavras escorrem como líquidos
lubrificando passagens ressentidas

Eu penso
a face fraca do poema/ a metade na página
partida
Mas calo a face dura
flor apagada no sonho
Eu penso
a dor visível do poema/ a luz prévia
dividida
Mas calo a superfície negra
pânico iminente do nada

na superfície

foram descobertos
hoje
às cinco e meia da tarde
peixes
capazes de cantar

capaz o poeta
diz
o que quer
o que não quer
e chama os nomes pelas coisas
capazes
de cantar
danos causados por olhinhos suados e marés

os olhinhos do poeta
piscam como anzóis
exaustos
na piscina

imagino como seria te amar

teria o gosto estranho das palavras
que brincamos
e a seriedade de quando esquecemos
quais palavras

imagino como seria te amar:
desisto da ideia numa verbal volúpia
e recomeço a escrever
poemas.

quem inventou foi você. Eu não aguento mais essas tuas pernas dobradas. Me dói muito, eu me deito para descansar mas sei de cor que os convidados estão retidos pela chuva, estão trocando olhares, estão contemplando sapientes. Aqui nesta festa eu conheço todos, absolutamente todos, eu posso te explicar por que aquela dali se recusa (com as pernas dobradas) a passar por baixo das luzes. Não insista, não me olhe dissimuladamente, não finja mais que o fim é outro. Imaginemos que a festa transcorre normalmente etc.; num dado momento nós perdemos o sentido do alheio; continuamos na mesma posição e era como se houvesse uma cena campestre, ou uma descida de saltimbancos pelas encostas; não sei o que fazemos dos convidados neste momento; torna-se impossível de um momento para outro negar o nosso transe; os passageiros estão de pé, todos se voltam para nós e permanecem imóveis porque a chuva ainda os retém; a chuva nos impede, pensamos; se a chuva não nos impedisse, sonhamos; era escuro e dentro de um trem, de um veículo qualquer que nos transportasse desta iminência; você apanhava a tesoura; eu via nos olhos dela: me matava em breve. Não era possível mas ainda assim eu continuava a ver os passageiros, um deles enfiou a mão no bolso e te interrompeu com violência. Eu via nos olhos dela os convidados prontos, a espera do teu grito, o casaco do morto na cadeira. Na parte mais escura da sala te espalhar no solo como a um bicho que se quer conhecer. Uma das convidadas não se ergue jamais. Me chama com os seus sonhos engraçados, seus pudores. Sordidamente quero saber detalhes. Tenho horror da pudicícia inclinada no meu ombro, atinando com a sensação tátil da curvatura. Imagino no ar quanto mede o teu ombro e o ombro da convidada. No ar são idênticos e indistinguíveis. Tua garra recai no veludo forte, teus olhos que eu não posso ver, tua mesma medida de ponta a ponta. Enumero.

A convidada enumera como num matadouro. Abre as pernas com um sotaque que não se percebe, não percebo teu cuidado exagerado, teus dedos inverossímeis e brancos e idênticos. Enumero como num matadouro. Sou o único bovino presente. Me enumero, conto o único presente, levantas um objeto na mão como numa loucura prévia. Tuas mãos prévias enganam o objeto. A convidada continua enumerando, estaria agora erguida no meio do anfiteatro aguardando o sacrifício. Refaço tuas garras de ti que nunca te ergues olhando a chuva pudicamente. Me atiro no chão com a convidada no centro desta chuva. Aguardemos o sacrifício tocando levemente nos convidados e nas suas olheiras de noite inteira sem descanso quando tua pobre pele se retrai de exaustão de tanto desviar as garras. Não nos movimentemos mais, talvez eu não veja mais as quatro patas resolvidas neste centro. Ou tenha apenas tempo de olhar a tua mão tocando o objeto rígido e o último golpe no espaço.

simulacro de uma solidão

30 de agosto

Hoje roí cinco unhas até o sabugo e encontrei no cinema, de chinelos de couro, um menino claro às gargalhadas. Usei a toalha alheia e fui ao ginecologista.

9 de setembro

Tornei a aparar os cachos. Lúcifer insiste em se dar mal comigo; não sei mais como manter a boa aparência. Minha amiguinha me devolveu a luva. Já recebi o montante.

28 de agosto

Dia de festa e temporal. Aniversário da Tatiana. Abrimos os armários de par em par. Não sei por que mas sempre que se comemora alguma coisa titio fica tão apoplético. Acho que secretamente ele quer que eu... (Não devia estar escrevendo isto aqui. Podem apanhar o caderno e descobrir tudo.)

5 de agosto

Ainda não consegui fazer filosofia, versos, ou colar retratos aqui.

30 de janeiro

Que nostalgia no ar, meu Deus!

Hoje fui à casa da Ana levar um presentinho. Às vezes tenho a impressão de que esses presentinhos constantes são um embaraço. Eu se fosse dona da casa não permitiria certas coisas. Me dá um ennui, eu fico enjoada de ver tanta ignorância. Como as pessoas se ignoram! Depois de todos esses meses Sérgio resolveu dar o ar de sua graça.

8 de julho

Nós estamos em plena decadência. Eu e você estamos em plena decadência. A nossa relação está em plena decadência. Quando duas pessoas chegam a se dizer isso tranquilamente, é sinal de terra à vista. Nem tudo é um naufrágio na vida. Mas um dia eu ainda me afogo no álcool.

30 de novembro

Rita marcou hora comigo e não apareceu. Há muito tempo que eu não me sinto tão deprimida. Acho que vou ligar para a

9 de agosto

Primeira fotografia que deve entrar para o álbum: um entardecer primaveril no Parque da Cidade. Preciso comprar cola. Soube de fofocas em relação ao beijo de ontem. Como a Tatiana está obcecada com as suas fantasias! Eu ainda começo a me sentir envolvida. Queria voltar ao atelier, leiloar tudo se necessário. Mas sentir as mãos livres, os passos soltos! Minha vida chega a um impasse.

10 de agosto

Estou lendo um manual de alemão prático. Tenho ido à praia. Vi o Joel de manhã, com a mulher dele.

8 de julho

Recomecei a ginástica. Hoje quase me matei antes do almoço. Fez um dia quente para a estação. Amanhã começo o estudo com os gêmeos. Apesar de tudo eu tenho restrições. Mas o que se há de fazer?

I

Enquanto leio meus seios estão a descoberto. É difícil concentrar-me ao ver seus bicos. Então rabisco as folhas deste álbum. Poética quebrada pelo meio.

II

Enquanto leio meus textos se fazem descobertos. E difícil escondê-los no meio dessas letras. Então me nutro das tetas dos poetas pensados no meu seio.

vigília II

As paisagens cansei-me das paisagens
cegá-las com palavras rasurá-las

As paisagens são frutos descabidos
agudos olhos farpas sons à noite.

espaço livre para o erro regiões recompostas
por desejo

Paisagens bruscas
decercadas as subidas não poupam

meu silêncio: renominá-las aqui
neste abandono ou aprendê-las diversas e desertas

poesia

jardins inabitados pensamentos
pretensas palavras em
pedaços
jardins ausenta-se
a lua figura de
uma falta contemplada
jardins extremos dessa ausência
de jardins anteriores que
recuam
ausência frequentada sem mistério
céu que recua
sem pergunta

flores do mais

devagar escreva
uma primeira letra
escrava
nas imediações construídas
pelos furacões;
devagar meça
a primeira pássara
bisonha que
riscar
o pano de boca
aberto
sobre os vendavais;
devagar imponha
o pulso
que melhor
souber sangrar
sobre a faca
das marés;
devagar imprima
o primeiro
olhar
sobre o galope molhado
dos animais; devagar
peça mais
e mais e
mais

algazarra

a fala dos bichos
é comprida e fácil:
miados soltos
na campina;
águias
hidráulicas
nas pontes;
na cozinha
a hidra espia
medrosas as cabeças;
enguias engolem
sete redes
saturam de lombrigas
o pomar;
no ostracismo
desorganizo
a zooteca
me faço de engolida
na arena molhada do sal
da criação;
o coração só constrói
decapitado
e mesmo então
os urubus
não comparecem;
no picadeiro seco agora
só patos e cardápios
falam ao público
sangrento
de paixões;
da tribuna

os gatos se levantam
e apontam
o risco
dos fogões.

sonho rápido de abril

As ambulâncias se calaram
As crianças suspenderam a voracidade batuta
Dois versos deliraram por detrás dos túneis
Moleza nos joelhos
Mão de ferro nos peitinhos
Tristeza suarenta, locomotiva, fútil
Patinho feio
Soldadinho de chumbo
Manto de Jacó, escada de Jacó
sete anos de pastor
Estrela demente desfilando na janela
De repente as ambulâncias estancaram o choro
voraz dos bebês

a flauta muda

(Encontro Relâmpago)

na saída
tua mão agarra meu nariz
tirito ainda da ópera gelada
o comboio da dor desce pelos bairros destreinados
horas altas e a mãozinha a sacudir esse nariz
em saudação
Do vagão inexpresso viaduto
tremo sem libreto

1979-82

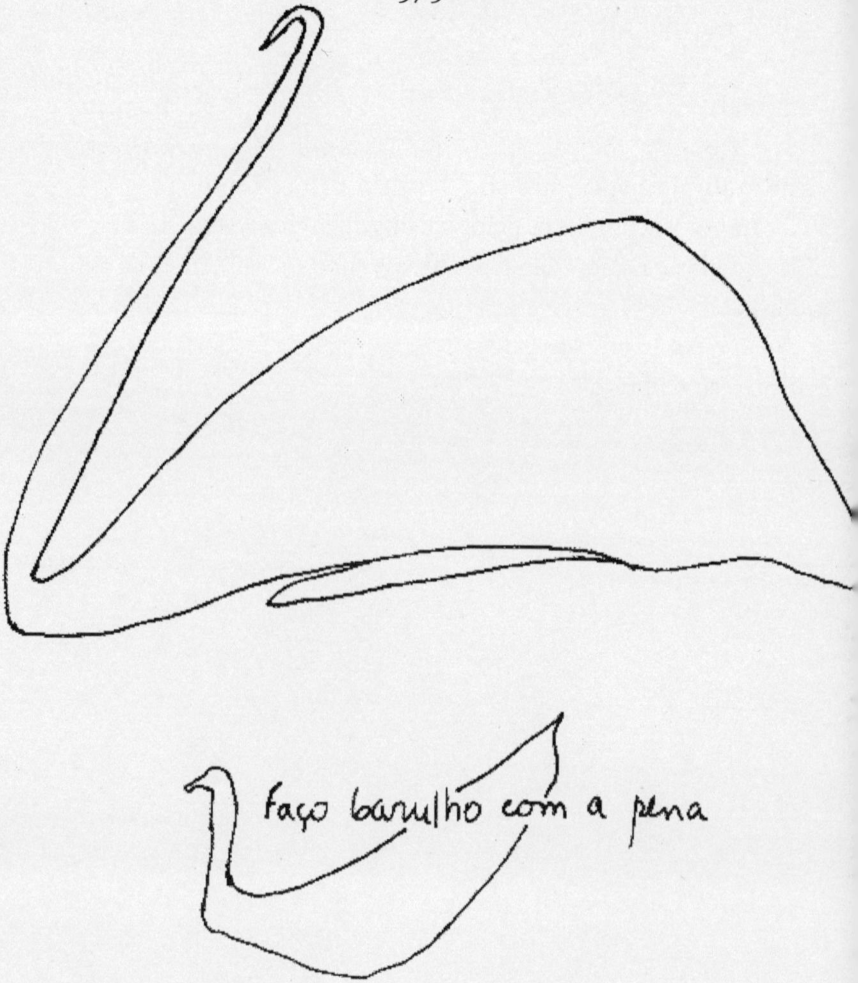

Desenho de Ana Cristina Cesar
Portsmouth, Inglaterra, 1980

Açucenas: não lembro
de nenhum céu que me console;
Só o que leio, a sós,
são os segundos
sentidos,
são os açúcares agudos
na véspera do azinhavre,
o silencioso rasgado azul
de uma bandeira.

A.F.F.

Preciso falar com você, urgente.

E ondas seguidas de saudade,
sempre na tua direcção,
caminharão, caminharão,
sem nenhuma finalidade.

O primeiro poema é de Armando Freitas Filho,
o segundo, de Cecília Meireles

aí é que são elas
me lembro dela dizendo Ih de mulheres que entravam e saíam
me dando para ler o poema com o microfone redondo na mão
me lembro de fixar mortalmente concentrada e tentar acompanhar
a sequência toda sem me perder nenhum minuto.
Ela ia e vinha enérgica vidente decidida ciclotímica veloz
e perfumada
eu lia assim, com sotaque:
"eu sou como sou vidente niente janela y ventana Ana I love
you neon go go girl"
Parava, levantava os olhos um pouco, inventava:
"go go go go said the bird mankind cannot bear much reality"
enquanto ela ria assim:
"ah gô-gô girl, quem foi que disse, como é que pode?", tinha assim um jeito meio incompreensível incandescente de se expressar, e eu achava que se decifrasse o código descobria o caminho do amor e do conhecer, respondia assim:
"Eliot Ness quem disse, gogô bird, pássaro gogó!", e enveredando pela política (embora eu tivesse dito: não milito mais, depois da desilusão de 71):
"Ma non si può inventare un comunismo part-time?...",
porque ela se interessava pelo coletivo e pela risarada e pelo meio-expediente.
Nos comunicávamos depois pelo telefone, e eu fazia pauta dos assuntos para não me ver perdida, por exemplo assim:
"ida ao centro — censura hospitalar — estupor da vocação" ou "ele é um bebezinho — produção da cara oriental — mesa de Centro — a teoria do doutor".
Eu procurava as chaves, a questão pendente, atravessava a luz deserta da praia de cabo a rabo, de vestido, voltava sobre os meus próprios passos, ficava na varanda, atravessava os dias como uma planta perdida no deserto, naquele sol mais quieta.

"Aqui eu te conheço." Eu não sabia que sabia, aquela planta.
A pauta se calasse... Ouvia: "se você dançar...". Só de memória
me espanto, de cabeça caio e saio, de cor, e pronto, socorram-
-me então nesse esforço de raízes, ouvindo a chuva nas telhas
de menos dessa casa escura, com goteiras de verão e falta dágua,
sem transporte, descendo a estrada de pó nas sandálias havaia-
nas, fazendo uma bolha no calor, um lanho rubro,
repetindo. "Ana, na janela tem um recadinho", chegando, lendo
"Tive de correr para pegar o posto aberto", um curativo aberto,
um sanduíche aberto, um fantasma romântico no peito,
"se você dançar..."
Me lembro da rádio a mil dentro do carro,
e de uma saudade inata.

Esquece essa história do corpo.
Não foi você mesmo quem disse que pintar os cabelos não está
[com nada?

Sossega, coração.
Separa dela, rápido.
Esses 15 anos não valem ponto não!
Ouve este blues!
Irresponsabilidade existencial!
A Má Literatura!
Pulando definitivamente?
Desobedeci?
Te ligo interurbano, te digo:
separa,
separa já dessa mulher!
Eu não posso mais, Mário, não
posso mais,
toca blues depressa,
devagar,
neste caminho
trilha para a praia
à noite — não,
não sou como você,
que diz que não acredita,
eu sim fico crente, e de mau humor,
e acho que tudo é de verdade,
e pergunto pro teu pai:
"Ele está dormindo
solenemente?".
que vai ver e diz que sim. Mas então —
quem — esta mulher dos desempenhos?
Faz a fálica, me aconselhas,
e eu dispenso o emprego com garbo depressivo,

assim —
Oh não, assim não — volto para os daiquiris.
Aqui na cultura brasileira,
filha?
É aqui? esse imaginário para que os atores reproduzam,
malandrinha?
Vê no que que dá.

Reprodução interdita.
Então te encontras de novo na janela espiando os passeuntes?
Não é tesão não,
mas jura segredo e perdoa qualquer inconveniente da noite
[passada.
Não fico mais esperando o telefone,
aquele otimismo incurável ainda me faz tremer de dó.
É música para os meus pés.
Still no hipopótamo do brejo.
Meu coração, até mania vale hoje à tarde,
e olhe os recadinhos:
ligou o seu irmão, e a Dona Jurema do 401.
Não me venhas mais com a filosofia da varredura,
passei da idade
e detesto certas memórias do Alto Xingu.

Serious now.
Don't get strained by my strain.
Don't get upset because I'm not heroic.
I'm not rejecting you.
Baby!!
Like what?
I wish I could!
Don't fight my idyosincratic reaction to pain!
Say: "Oh baby, I wish I had some morphine to give you".
Bath or shower?
Remember that time in C.R. when you fainted? That time I
[panicked!
Because my boo... sorry.
It was serious last night i.e. I myself didn't know what was
[happening.
Don't panic if I ever do.
Otherwise we'll be two useless prats.

back again

Larguei as botas na escada, subi descalça, vesti a camisola de algodão. Acabei com o Dalmadorm. Não rolei mais. Esqueci do corpo; com olhos abertos fica tudo claro; eu estava dentro; a vida inteira, a terra toda, os punks negros na esquina, negra com punhal. Flash vermelho em luz neon piscando por entre as persianas: "aqui morri", e depois de um minuto todas as paixões de novo. De novo e uma paisagem só vista do alto. Não vejo meu corpo mas penso nele com desejo e minha consciência é o teto do mundo, como se o forro do meu crânio fosse o céu. Mas não vejo o osso duro. Quando a luz neon piscou pela última vez lembrei do limbo, e ali também era o inferno que doía no teto do mundo e o céu era vermelho. Me vi num trem atravessando a Escócia e lendo um conto de KM. O conto se acabava e eu fechava o livro e olhava para fora e meu pescoço estava mole, miúdos de galinha, brilho de luz no mar do Norte, um velho inspecionando tickets, encostei a cabeça na vidraça. Estava quente e passava rápido e eu dormi sem querer (quando quero tenho insônia), rumando para o norte.

Para que você faz das cartas telegramas — você pensa que as palavras custam caro?
Como foi que eu comecei da última vez?
Ele chegou que nem uma ferinha.
A fera presa e previsível na
Escadaria.
Meu coração alhures.
Acalmo a ferinha? Deixo passar? Valeu a importância gasta?
Apenas esquentando.
A fera dá preguiça, coração alhures.

o que vejo daqui

Um ângulo de janela com sacada dando para a cidade embaixo.
Você sem pressa.
Você pensando; aqui não tem trama. Quieto.
Você pensando: aqui tem. Montañas Borrascosas.
Do you remember... the night begins to linger in the heart...
Comentando: ele toca... com discriminação.
Pedindo opinião: você não acha?
Sentando aqui.
Não falo.
Folhas de grama. Não falo.
Sentando aqui, virando o rosto para a esquerda, um pouco para trás, por cima do encosto do sofá, para pegar o mesmo ângulo de visão.
Olho para cima do seu ombro, para fora.
Mas às vezes pouso os olhos em você, que está de costas, e não te toco, com discriminação.

correr em vez de caminhar
ou apenas ficar quieta e simplesmente rir-rir — à toa
O que se pode fazer.

Há qualquer coisa de perverso no jeito em que a gente diz — não
[é nada, não é nada.
Não usar a palavra bliss em vão. Bliss ou é do tipo que não se
[nota porque
passa numa delícia de suavidade ou então é do outro tipo, a falsa
[bomba
hidráulica que quase amassou o cliente de Holmes que acabou
[perdendo o
polegar porque afinal se tratava de dinheiro falso —
Atenção, o bliss que te amassa a cabeça é
moeda falsa (ver moral instrutiva do conto de KM
com o mesmo nome).
Reler o livro com seriedade.
Fazer menos concessão.
Que medo é esse de ir a Paris com o Chris
(Olha só a rima que só hoje percebi), e ver enfim
uma cidade bela como outra qualquer, sem
mitomania?

polegar perdido

"Well", said our engineer ruefully, as we took our seats to return to London, "it has been a pretty business for me! I have lost my thumb, and I have lost a fifty-guinea fee, and what have I gained?" "Experience", said Holmes, laughing. "Indirectly it may be of value, you know; you have only to put it into words to gain the reputation of being excellent company for the remainder of your existence."

Sir Arthur Conan Doyle, The Engineer's Thumb,
in *The Adventures of Sherlock Holmes*

All that jazz tem uma coisa errada, a moral invertida na cara, sacaneando tudo e todos a transação perversa[1] com a morte; mas pelo menos tem o mérito de ser de uma estranha coragem de dar a maior bandeira possível sobre o autor. Exibicionismo? I'm sorry but on second thoughts entro numa de respeitar a arte, que se usa para transcender, e confesso que meu desagrado com o filme também é projetivo — no meu trabalho não quero apenas dar bandeiras, mesmo se pontuada por coreografias esfuziantes.

O mesmo tema arte X morte pinta em Forget Venice sem aquela pesada autoironia de Fosse, que no entanto namora o europeu. Os produtores — aliás são uma caricatura lamentável, baddies bobos, ridículos, fazendo contas em cima do defunto em potencial. E as mulheres, então, que estereótipo idiota. Não falo do personagem principal — autocomplacência etc. — nem do anjo da morte — pretensões fellinianas — porque a média já descascou. Queria falar de outra coisa, a perversidade de sacanear tudo ou de colar o ponto de vista no personagem que sacaneia tudo, o que dá no mesmo. Como diria a Ivany, como esse problema está te preocupando!

Leio a Jane Austen.

Ah! what could we do but what we did? We sighed and fainted on the sofa.

---

1 Perversa é quase o mesmo que flippant, só que mais forte talvez.

há

alguém que suporto —
"um mestre de indignação...
feito por um soldado
convertido às letras", que poderia

atirar
um homem pela janela
mas ser "terno como as plantas", dizer, "Meu Deus,
as violetas!" (abaixo).
"Realizado em todo

estilo
e matiz" — enquanto isso, considerando
a infinidade e a eternidade,
ele dizia apenas (diria?)
"falarei sobre elas quando compreendê-las"

"a absorvente
geometria da fantasia"

paixão chinesa pelo particular.

Te conto em caráter reservado. Não que eu preze alguma teoria obscura do segredo. Na verdade sou menos dado ao cochicho do que possa parecer. É simplesmente obediência a uma regra que a sabedoria popular reaproveitou: Quem cala consente? Então foi dado o meu consentimento sem eu saber? Dê o seu palpite. Aconteceu num ônibus interestadual. Tudo pode acontecer dentro de um ônibus interestadual, ainda mais numa tarde de 2ª-feira, voltando para o Rio de Janeiro, com um desânimo que só certos cariocas verdadeiros conhecem. Voltar para o Rio pode ser uma bela experiência de desconsolo. Nessa minha cidade a imaginação fica indócil e os fatos — e os casos — escasseiam surpreendentemente. Fui parar dentro de um Cometa perfumado de Bom Ar. Poltrona 35, janela, tarde de sol de inverno, colinas paulistas, suspensão a ar e parada às 18:15 em Aparecida não, Cruzeiro... Da 36 só via as pernas vestidas de veludo verde-garrafa, e não cheguei a virar o rosto ao oferecimento de cigarro. Abri o vidro imediatamente, fingi dormir, relaxei para digerir os peixinhos crus com almíscar do almoço japonês. Coisas de Alice, que não passa sem um japonês às 2ªs-feiras. Para começar a semana a cru, diz ela com olhar de boa entendedora e meia. Alice é a maior contadeira de casos que conheço. É a paulista que trocou São Paulo pelo Rio, mas acabou exímia nos macetes da capital fluminense e atualmente não consegue mais deixar São Paulo, onde reinventa hábitos seculares, entre os quais lareira na rua Inglaterra, ginástica rítmica dia sim dia não, e o japonês às segundas. Fez vir peixinhos para mim também, e ainda falou nas qualidades afrodisíacas do molho de almíscar, coisa em que aliás não acredito; mas acabei adepta dos peixinhos, servidos e temperados ainda pelos casos dessa caseira de marca maior. E meio litro de saquê fumegante em vez do chá de sempre.

Quando vi, estava meio caidinha na poltrona 35, torcendo o nariz para o Bom Ar, batendo os olhos nas pernas verdes de veludo, recusando cigarro, disputando silenciosamente o espaço no braço da cadeira: um cotovelo aqui, outro ali, e fato inédito, adormeci direto com gosto de almíscar na boca, dor de cabeça reclamando fundo do Bom Ar, jogo de molejo, jogo da memória: tudo, tudo pode acontecer. Cochilo daqueles em que as pálpebras pesam ainda mais para não se abrirem. Cochilo branco, metade atento à luz pastel de fora, metade sabendo que é cochilo. Mentiras atravessando a estrada. Velhas fantasias, enjoo suave, feliz. Peixinhos deslizando na garganta verde-garrafa. Flashes macios pela noite paulista. Como o encontro mais improvável do mundo na porta do teatro com aquele tipo célebre — lembra dele? — que eu não via há 7 anos. Sete anos de pensar bobagem nas horas de distração, e quando vi estava indócil de calor, e olhe que era a noite mais fria que SP já conheceu. Acho que ninguém, — nem eu, acreditou até agora, e até que disfarçamos com garbo, levamos uma conversa de praxe no intervalo, e não demos bandeira nenhuma na praça, o constrangimento fora do palco, empurrado sabe lá Deus por quem, à força. Na saída despedidas a jato, e cada um pro seu lado, escoltados pelos colegas de trabalho. E que trabalho! Não sosseguei mais de calor a noite inteira. Mas agora vem um vento frio sobre a minha pele quente, e mais quente ainda neste braço de poltrona onde se encontra outro braço, outra pele batida pelo vento, sem rosto, encontro cutâneo sem rosto

neste lago
um vapor
que nunca mais

fisionomia

não é mentira
é outra
a dor que dói
em mim
é um projeto
de passeio
em círculo
um malogro
do objeto
em foco
a intensidade
de luz
de tarde
no jardim
é outra
outra a dor que dói

é aqui
por enquanto
ainda não tem
cortina
tapete
luz indireta
amenizando a noite
quadro nas paredes

ulysses

E ele e os outros me veem.
Quem escolheu este rosto para mim?

Empate outra vez. Ele teme o pontiagudo
estilete da minha arte tanto quanto
eu temo o dele.

Segredos cansados de sua tirania
tiranos que desejam ser destronados

Segredos, silenciosos, de pedra,
sentados nos palácios escuros
de nossos dois corações:
segredos cansados de sua tirania:
tiranos que desejam ser destronados.

o mesmo quarto e a mesma hora

toca um tango
uma formiga na pele
da barriga,
rápida e ruiva,

Uma sentinela: ilha de terrível sede.
Conchas humanas.

Estas areias pesadas são linguagem.

Qual a palavra que
todos os homens sabem?

Condutores negros
refratam o calor.

houve um poema
que guiava a própria ambulância
e dizia: não lembro
de nenhum céu que me console,
nenhum,
e saía,
sirenes baixas,
recolhendo os restos das conversas,
das senhoras,
“para que nada se perca
ou se esqueça”,
proverbial,
mesmo se ferido,
houve um poema
ambulante,
cruz vermelha
sonâmbula
que escapou-se
e foi-se
inesquecível,
irremediável,
ralo abaixo.

Aqui meus crimes não seriam de amor.

discurso fluente como ato de amor
incompatível com a tirania
do segredo

como visitar o túmulo da pessoa
amada

a literatura como clé, forma cifrada de falar da paixão que não pode ser nomeada (como numa carta fluente e "objetiva").

a chave, a origem da literatura
o "inconfessável" toma forma, deseja tomar forma, vira forma

mas acontece que este é também o meu sintoma, "não
[conseguir falar" =
não ter posição marcada, ideias, opiniões, fala desvairada.
Só de não-ditos ou de delicadezas se faz minha conversa, e para não ficar louca e inteiramente solta neste pântano, marco para mim o limite da paixão, e me tensiono na beira: tenho de meu (discurso) este resíduo.

Não tenho ideias, só o contorno de uma sintaxe (= ritmo).

ainda faço pauta:

o recolhimento
caipira sem assunto, como o filósofo da linguagem cada vez mais muda ou emitindo apenas o óbvio: boa tarde, faça um cozido, o passarinho, meu jardim, onde sento para ler Rosemberg e penso na década de 80 que não é mais 70, quando andávamos mais aflitos mas também mais articulados, identidade ou impressão de identidade em projetos de grupo, e até havia a última mohicana pertencente a 60 que agregava e pensava a juventude e que devia lançar o alerta do sonho acabou, o sonho de 70, a juventude ainda tinha uma inteligência que produzia projetos, e em 80 a última mohicana não está nem aí, não vai ao circo, espera um filho e estuda os mais velhos, como se estivesse entrando na maioridade. À noite a teoria não se aguenta, Rosemberg dá lugar a Joyce, e entrementes sou uma dona de casa caprichosa, envelhecendo, que depois do serviço se senta na poltroninha para ler romances ingleses ou rever cartões-postais de uma viagem à Itália ou cartas que recebia periodicamente do Brasil e de vez em quando pensar em móveis caros e na liberação do discurso e da sua inteligência (wit) fluente como único ato de amor possível neste espaço.

a propósito de Glauber: O século do cinema

23.1.81

faz três semanas
espero
depois da novela
sem falta
um telefonema
de algum ponto
perdido
do país

toda mulher

a coisa que mais o preocupava
naquele momento
era estudo de mulher

toda mulher
dos quinze aos dezoito.

Não sou mais mulher.
Ela quer o sujeito.
Coleciona histórias de amor.

surpreenda-me amigo oculto
diga-me que a literatura
diga-me que teu olhar
tão terno
diga-me que neste burburinho
me desejas mais que outro
diga-me uma palavra única.

Não é produção demais?
uma superprodução
o que mais queria.
não

a gente sempre acha que é
Fernando Pessoa

10.1.82

Hoje que Mary está indo para Paris retomo o caderno terapêutico depois de ter dito que a minha cura era "falar tudo", que me desse e viesse, e assim, angustiada com a partida que me cala ou um flanco de mim, escrevo como quem fala tudo, querendo dizer que hoje, com o Patinho, senti que o meu compromisso primeiro era com a mãe, com as mulheres, com o colo delas, e só secundariamente com ele, com um apelo da realidade muda. Quero que uma mulher me acompanhe (ou ao menos o Armando, que fala tudo e preenche o vazio). Há coisas demais para fazer, não quero ir para minha casa, onde me sinto independente demais (é como um excesso). Volto para a casa de mamãe, e tenho de suportar a angústia de ter que me emudecer até a Mary voltar. Angústia é fala entupida.

É para você que escrevo, hipócrita. Para você — sou eu que te sacudo os ombros e grito verdades nos ouvidos, no último momento. Me jogo aos teus pés inteiramente grata: bofetada de estalo, decolagem lancinante, baque de fuzil. É só para você e que letra tán hermosa — Exaltação — Império Sentido na Avenida — Carnaval da síncope. Pratos limpos atirados para o ar. Circo instantâneo, pano rápido mas exato descendo sobre a sua cabeleira de um só golpe de carícia, e o teu espanto!

como chapeuzinho

Corro de mamãe para vovó
carregada de sacolas.
Mas é no caminho que exclamo:
— Agora posso tudo!
Para essa figura obstinada vou até a
exaustão,
valente,

sou uma mulher do século XIX
disfarçada em século XX

Tenho um certo pudor. Esta é a minha carta de demissão. Tem de tudo aqui neste caderno. Meu romance — Agenda normal: Cláudia, INPS, missa, tudo normal, às vezes uso para escrever bobagem, os imbecis sobrevivem, e foi assim que eu terminei, e nem eu sei direito, porque a Dulce é de propósito, e quando eu morrer, exclamando — Se Deus fosse... — e pensando sobre a mediocridade e sobre qual dos três será o pai, ninguém conhecerá no caixão o meu coração forte como a morte e como as crianças que clamam: para de escrever, mamãe!

As horas fundamentais já nos visitaram. São apenas álcoois que nos lembram a repetição infinita destes ladrilhos de banheiro, o descanso na privada nos confins do restaurante, Sinatra na culatra, e as duas colegas falando sem parar de suas mães. Quero ficar aqui, as calças baixas, esquecendo a metástase nos ossos, a voz pastosa da cantora, a última inspiração do câmera (filósofo da linguagem), os poemas poloneses, o fio de xixi escorrendo lentamente nesta hora em que me esqueço à toa de olho nos sapatos brancos.

Marisqueira, 2.2.82

1982-83

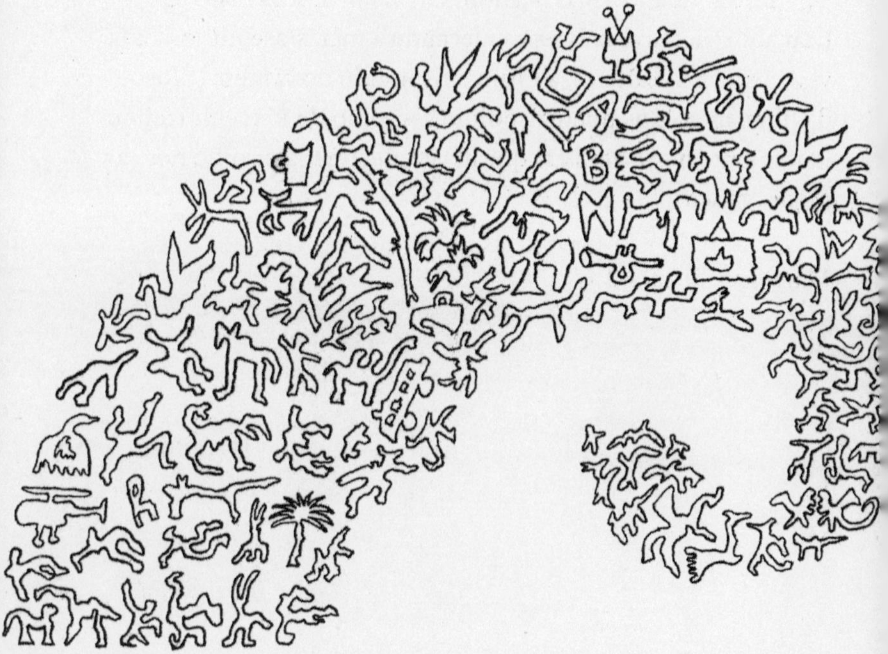

Desenho de Ana Cristina Cesar
Portsmouth, Inglaterra, 1980

"Seu olho enxerga, mas seu corpo não." Você não reparou ainda que daqui não apago o desejo escuro, a cara-metade do meu rosto, de fio a pavio com furor de luta preso numas mãos bem brancas. "Debruças sobre meu destino o teu vampiro." Um derrame que trato com hamamélis. Quem desce até a praia para ver o eclipse da Lua que demora. Eu não soube mais falar, não era truque, mas meu circo e seu toldo prata a descoberto, pentágono desfraldado enquanto todos dormem; os cavalinhos estrangeiros dormem, minha lanterna com a sua luz.

Retornando ao assunto do dentista.
Aquele que parecia Peter Lorre mas eu fechei os olhos e fiquei sufocada na cadeira.
Difícil respirar.
Ele põe prata no dente e fala fino, com sotaque, enquanto eu me desvio para as extremidades inquietíssimas do corpo.
Saio como um milk-shake.
A boca não abre quando peço cenouras e batatas.
Tomo sopa em frente da janela.
A mulher esbaforida entra correndo na casa em frente e rápido pela porta vejo um painel grande branco e preto iluminado com neon. A mulher esbaforida se compõe e vai fingir que esperar na poltrona não tem importância. Se você repara bem vê que é meio fingido: curva de nuca ofendida de antemão. Se ela estivesse aqui da minha janela via as quatro linhas de pedra da fachada e as quatro chaminés em cada canto do telhado e quatro salas acesas muito cedo. E sentia anestesia nas bochechas. E aprendia o truque da outra impaciência, a que não revela nada. É impaciência que me faz admirar as regras de 4 desta casa em frente, e ignorar a imaginação ardente que se desenrola nos escritórios branco-iluminados. Pura impaciência. Será preciso admitir que minha mulher ignora como tonta tudo isso? Objetos de trabalho, objetos de desejo? E o meu trabalho diante da janela?

postal

Por que será que te esqueço é silenciosamente, num esforço
redobrado que só depois percebo?
Entre cáustica e apaixonada, ouvindo com muxoxo o teu
conselho, personagem de mim, ao sol.
Memoralista nata: a gente desistia da arte e ia pro zoo domingo
tarde de verão; mais tarde eu me trancava e respondia certas
cartas; você lia Sunday Times das Ramblas, sem dizer palavra,
pensando só na ilha, de um hotel...

objeto encontrado I

Passei então a dar atenção à minha vizinha, Alberta. Falamos de amores. O assunto interessava-lhe na teoria, e a mim, pelo menos, não me interessava na prática. Além do mais, era agradável falar dele. Pediu-me que lhe expusesse algumas ideias e descobri de repente uma que me pareceu provir diretamente da minha experiência do dia. A mulher era um objeto que variava de preço mais que qualquer ação da Bolsa. Alberta não me compreendeu bem e pensou que estivesse a repetir uma coisa já sabida de todos.

Ligo a rádio MEC.
Enfartada ou não, trabalho contra Catarina.
"Um gato cinzento, arrastando-se pelo chão, atravessou furtivamente o gramado, seguido por um gato negro, como se fosse a sua sombra." Sappho na ilha do tesouro recorta o repertório da modernidade; Dina não brinca em serviço com o general de sete estrelas que não faz alegoria.
INTERIOR. FUNDO INFINITO. WAKING.
— and it really was a kitten, after all.

KM acaba de morrer.
Ele é pequeno e passa diante da minha janela fazendo fumaça no frio; a boca é grande e ri sozinha quando ele passa.
Não quero que você chegue, amor.
Eu fico aqui inventando a sua demora com sisudez exímia.
Radio on.
Radio on.
Passa carregando a mala pesada.
Mas não chega.
Agora chega.
É aqui o amor?

o anjo que registra I

Naquela primeira noite Miss Mars e eu conversamos de um assunto inteiramente novo.

Ela estava interessada em tipos, e sabia que havia femme décorative, femme d'intérieur e femme intrigante. E sempre queria saber o que Gertrude pensava de todo mundo que entrava e saía; se Gertrude chegava às suas conclusões por dedução, observação, imaginação ou análise. Era muito divertida e então desaparecia... com seus epigramas.

Quando a casa acalmou, refresquei minha memória revendo instantâneos tirados no atelier.

o anjo que registra II

Queria parecer-me com ele, contudo, o desejo que me havia levado àquela casa me tornava tão diverso! Tive porém uma dúvida: e se ele fosse levado àquele trabalho unicamente por volúpia? Com voz um pouco trêmula, Beach Boy interrompeu-me:

— Eu quero que você saia daqui.

— Desapareça do meu banquete de amor.

— Não sou teu Sócrates,

e mais ainda, no entanto se recostava como quem convida ao elogio. Eu não enxergava mais nada, e ardia em mim uma frase informulada: "Prometera a ele não se ocupar mais com a política. Infelizmente, não soube cumprir o prometido".

Para pôr término ao constrangimento, acabei por revidar com o próprio Plato:

— "Comigo se dá o que acontece com os que são mordidos pela víbora: recusam-se, segundo dizem, a contar o que houve, exceto aos que também já foram mordidos".

um beijo

que tivesse um blue.
Isto é
imitasse feliz
a delicadeza, a sua,
assim como um tropeço
que mergulha surdamente
no reino expresso
do prazer
Espio sem um ai
as evoluções do teu confronto
à minha sombra
desde a escolha
debruçada no menu;
um peixe grelhado
um namorado
uma água
sem gás
de decolagem:
leitor ensurdecido
talvez embevecido
"ao sucesso"
diria meu censor
"à escuta"
diria meu amor
sempre em blue
mas era um blue
feliz

indagando só
"what's new"
uma questão
matriz
desenhada a giz
entre um beijo
e a renúncia intuída
de outro beijo.

Então eu disse com um sorriso que me amava:
"O céu, quando entra em mim, o vento não faz, voar, esses papéis"

Lá onde cruzo com a modernidade, e meu pensamento passa como um raio, a pedra no caminho é o time que você tira de campo.

l'empire des signes

— Quando você ri o rosto que surge cheio de rugas novas também ri.
— De que, rugas?
— É, rugas. Rugas. Rugas do mistério Komiko. De figurino.

Por que essa falta de concentração?
Se você me ama, por que não se concentra?

depois da andança

Frêmito de fechamento de jornal.
Pauta da conversinha de amanhã.
Voz de sumiço de dar dó.

Corrupta com requintes me deixa o teu amor.

senhor A

Hoje estou de bata, dando bênção com os olhos.
Todo milionésimo de segundos sentidos.
Missionário da cozinha.
Minha mulher foi viajar.
Recebo em casa; velha cúmplice esquenta os pratos, sou
[homem, rico,
também choro.
Fumo com o marido no sofá de couro.
Meus olhos doam a este meu casal
de condenados o calor que posso,
o calor de um negócio travado a altas horas,
garganta ardendo,
colubiasol a mão, ou então um tanto de chá
mu. Não escondo o uísque.
Também não temo mais meu pânico em flor, regado regiamente.
Na sala ao lado não há mulheres
falando de Miguelângelo.
Volto ao meu cachimbo.
Não recebo em febre torpedos de perguntas,
mas sim pedidos de adesão.
Devo impor justiça com um gesto da outra mão:
alimentá-los. Um e outro jogam verde.
Sou mouco, um bispo,
double-face de cara lisa,
connoisseur de vícios.
Sirvo uma dobrada fumegante.

landscape

Circulando entre as fontes acesas do jardim. Antena Um em off: don't walk away. Tirou as botas, largou não sabe onde, tomou 10 comprimidos, foi dançar, de manhã fiquei conversando até que ele chegasse, arrancando assunto do fundo do meu peito de mulher aranha, tecendo teia telefônica, s.o.s. solto que não peço. À noite no velório estou pensando onde foram parar as botas de pantera, no fundo da lagoa, no quintal da faculdade, na coxia do teatro? Não conheço mais ninguém no parque debaixo das montanhas, nem as botas encontrei num canto do banheiro, em equilíbrio, cano contra cano. Penso em desistir daqui, em esquecer todos os presentes, essa lufa-lufa do espanto de morrer, mas estou fixa atrás de uma coluna, sem piscar, em transe.

Jururu não sei pedir. Fico enrodilhada. Faço pesca mas não pesco nada.

A. me fala do aeroporto, de passagem. Matter of fact que eu já conheço, sem desordem.

Sinto um grande cansaço pendurado no fio da minha voz.

Tremuras da desordem. Assuntos que não sei.

Mala diplomática apenas por um fio.

I can't give you anything but love, babe.

Praga. É uma praga. Você só gosta das partes difíceis.

Hoje te cabe a parte fácil: se sentir alguma coisa pode me chamar.

contagem regressiva

Entra luz por uma fresta e não te peço mais que
assentimento.
Estou ardendo como antes (pensei que a febre me
deixava).
Inverno cálido no Rio de Janeiro. Visões
de gaivotas e entre as rochas dois homens que se
picam.
Me assusto a ponto de tropeçar no meio-fio,
atropelável,
mesmo porque nem mesmo a tua mão solta no meu
rosto,
reconfirmando amor, poderia
sossegar
garantir

notas promissórias dispersas depois da ventania
ou da batida clandestina à cata de uma pista
ou prova
foi durante a noite
quando viemos fazer a limpeza de manhã bem cedo
estava tudo assim
é preciso fazer o inventário
do que restou
e do que levaram
apesar da grande comoção que ata
parece que ata mãos e pés
e nem desata
não me canso ao volante, fico prosa, dona do nariz,
neurastênica
diante dos outros motoristas, dos sinais
vermelhos

Numa curva fechada pensei: estou cega e no
entanto
guio esta Brasília

Acreditei que se amasse de novo
esqueceria outros
pelo menos três outros rostos que amei
Num delírio de arquivística
organizei a memória em alfabetos
como quem conta carneiros e amansa
no entanto flanco aberto não esqueço
e amo em ti os outros rostos

Qual tarde de maio.
Como um trunfo escondido na manga
carrego comigo tua última carta
cortada
uma cartada.
Não, amor, isto não é literatura.

Ao meio-dia ligo e leio a última notícia:
menina de dois anos causa pânico na vida da
cidade
o tempo virou dramaticamente
arde em mim também
arde em T
— diz você —
sobre as altas costas
No teu peito também
amor
guerreia
amor?
Os poemas são para nós uma ferida.

cachoeira
de repente alguém diz a palavra cachoeira
e ela se medusa

insolúvel
intimidade
piche insolúvel
negro

E do meu pai marceneiro
herdei este ritmo de serra.

Comece assim, hoje mesmo.
Não confira com ninguém a sua urgência.
Fale do mágico trabalhando sobre um palco
estreito.

Porque isto não me ocorre com ninguém
É só com você que
tenho a dor de ter quebrado
maladroite
a três por quatro,
quando me ponho de cartomante
injusta-rápida
que fulmina:
"não beberás desta água".
Porque me olhas com credulidade, arre!
Qual Cassandra qual nada!

Daqui do alto (me pego sempre alto, atrás dos
vidros)
Quero passear nas copas como um espírito cômico
do ar.

Fogaréu. Telefone em brasa. Olivetti à flor da pele,
uma pilha.
Os ramais piscam: "estou cansado de todas as
palavras".

Agora quero luzes, os ramais piscando, o som
virando
luz, o disco voador, velocidade ímpar, num piscar
de olhos
estar aí do outro lado e ouvir teus ais e acreditar
que mando neles e eles só em mim e que na hora do
nosso nascimento
o céu regia este momento.

e que te roubarei enfim deste país de penumbra
tapete e suor frio
da boca para fora sim senhora

Catamos guris que conduzam sem erro ao
Corcovado: todo tipo
de pequenos sábios a dar palpites
Todo tipo de ciência dúbia porém ágil
Pernas para que te queremos.
Até a cachoeira vamos firmes
Não a mata não há quanto tempo ideograma tempo
te tempero em exercícios insolúveis n'água mas
reconheça ao menos que tenho boa mão

Conselho de guri: deixa a fera amar
e suportar o gozo de além-mar.

Numa prise de pique proustiano
em vez de madalenas

eu ia dizer: margaridas.
Mas a verdadeira vida vivida
em língua de pês e vês
nos diz que não desperdiçamos tanto assim.

Tenho medo de ter deixado a máquina ligada
elétrica IBM lebre louca solta pelo campo

Corri atrás
da lebre louca em corrida coerente
atrás das tocas e escrevi: trejeitos.

Te convenço então. Venço como estúpida
quando peço guarita ao interfone,
então, seco teus cabelos,
ando pela casa facilmente,
quando tiro tua febre,
pego carona no carro da autoescola,
faço ar de distraída para não confundir
os teus pedais,
te convenço então,
saberias então que hoje, nesta noite, diante desta
gente,
não há ninguém que me interesse e meus versos
são apenas para exatamente esta pessoa que
deixou de vir
ou chegou tarde, sorrateira, de forma que não
posso,
gritar ao microfone com os olhos presos nos seus
olhos
baixos, porque não te localizo e as luzes da ribalta
confundem a visão, te arranco, te arranco do
papel,

materializo minha morte, chego tão perto que
chego
a desaparecer-me, indecência, qualquer coisa de
excessivamente
oferecida, oferecida, me pasmo de falar para quem
falo,
com que alacridade
sento aqui neste banco dos réus, raso,
e procuro uma vez mais ouvir te respirando
no silêncio que se faz agora
minutos e minutos de silêncio, já.

uma resposta a angela carneiro, no dia dos seus anos

"A literatura não me atinge."
A. Carneiro, 10.5.82

Não respondo de medo. De medo da pressa dos inteligentes que arrematam a frase antes que ela acabe. E porque não tem resposta. Qual o segredo por trás disso tudo? Como te digo que desejo sim meu cônjuge, meu par, que não proclamo mas meu corpo pêndulo nessa direção? Que meu par é quem quer saber e dá, a bênção, as palavras: em nome do pai, e da filha, qual é o endereço? o interesse? o alvo do raio? a vida secreta do sr. Morse? Alguém viu — o sossego do urso? Alguém ficou fraco diante de sua mãe? Alguém disse que é para você que escrevo, hipócrita, fã, cônjuge craque, de raça, travestindo a minha pele, enquanto gozas?

"the keys to given!"
Joyce, últimas linhas do Finnegans Wake

A. Carneiro,

Esta é a última vez que te passo cola.
Complete aí nessa lacuna.
Nilo é o nome do maior rio de todos.
Já o tirano que deseja destronar-se
— e não me atribua esse desejo —
se chama de outra forma.
Aí desejo caudaloso de ter nas mãos
o brilho cego de um cadeado
que se transforma,
subitamente,
em chave.

Te falo no portão,
depois da sineta do recreio.

fama e fortuna

Assinei meu nome tantas vezes
e agora viro manchete de jornal.
Corpo dói — linha nevrálgica via
coração. Os vizinhos abaixo
imploram minha expulsão imediata.
Não ouviram o frenesi pianíssimo da chuva
nem a primeira história mesmo de terror:
no Madame Tussaud o assassino esculpia
as vítimas em cera. Virou manchete.
Eu guio um carro. Olho a baía ao longe,
na bruma de neon, e penso em Haia,
Hamburgo, Dover, âncoras levantadas
em Lisboa. Não cheguei ao mundo novo.
Nada é nacional. Desço no meu salto,
dói a culpa intrusa: ter roubado
teu direito de sofrer. Roubei tua
surdina, me joguei ao mar,
estou fazendo água. Dá o bote.

Não sei te amar, não sei por que você
pediu mais dinheiro, não me conheço mais, me perco,
quero que façam meu horóscopo, que digam "você é
assim", goste-se ou reeduque-se, como é que vou
gostar? de mim, de você? Você não puxa de volta o
fio que diz que tem, não persegue um assunto, diz
"boa tarde", não diz como antigamente "não chora".

Uma ninharia.
Remorso de não ter trazido uma ampulheta.
Silenciosa como uma aeromoça na hora do descanso
que se descalça sem querer,
Um cochilo de turbulências leves.
Agora estou convencida de que nada poderia desfazer
este quarteto de Alexandria.
A afasia do fantasma.
Dó do Homem Aranha.
Parece passar sem deixar marcas.
Veja, eles reaparecem.
Não quero esse lugar de pássaro celeste.

Não encontro
no meio de todas essas histórias
nenhuma que seja a minha.
Nenhum desses temas me consola.
Espero ardentemente que me telefonem.
Espero que a chuva pare e os trens voltem a circular.
Espero como se estivesse em Lisboa
e sentisse saudades de Lisboa.
Bateriam à porta, chegariam os parentes queridos, mortos [recentes,
e não me dou por satisfeita. Mas os figurinos na noite de
estreia! imediatamente antes!
A goma, o brilho no camarim!

Como terei orgulho do ridículo de passar bilhetes pela porta.
Esta mesma porta hoje fecho com cuidado; altivo.
Como não repetirei, a teus pés, que o profissional esconde no índice onomástico os ladrões de quem roubei versos de amor com que te cerco.
Te cerco tanto que é impossível fazer blitz e flagrar a ladroagem.

Tento até o velho golpe:
recitar poemas para tua indiferença.
Cabotina. Agarrada num rabo de cavalo.
“Teus versos agora me tocam menos
que você.” Tua mão vacila.
Não é de cera
Até que um dia com a unha
tira a lasca do rosto e descubro
a identidade da morta por debaixo.
É porque tem que chegar. Perto do coração
não tem palavra?

A poesia pode me esperar?

Estou preparando o curso de tradução e Pound
Faz censuras. A casa de mamãe é uma pensão.
Não consigo falar nem escrever fluentemente (assim
parece). Aula de ginástica:
desfazer o rosto. Tocar nas órbitas. Recuar
do ponto constante de tensão. Descolar a
pele. Depois de estudar folheio este caderno
cheia de superstições. Descubro que sou supersticiosíssima:
(se escrever ou disser não sai).
Estou ocupada. Outros tantos. Agudo.

13.6.83

Não, a poesia não pode esperar.
O brigue toca as terras geladas do extremo sul.
Escapo no automóvel aos guinchos.
Hoje — você sabe disso? Sabe de hoje? Sabe que quando
digo hoje, falo precisamente deste extremo ríspido,
deste ponto que parece último possível?

A garganta sai remota,
longe de ti mal creio que te amo,
Corto o trânsito e resvalo

Que lugar ocupa este desejo de frutas?

Esta é a primeira folha aberta.

15.7.83

Agora serei atleta, atleta atônita, das que saltam
obstáculos mas pensam insidiosamente na respiração,
desmentindo o que morre a cada alento.

O que morre.
Estou morrendo, ela disse devagar,
olhos fixos para cima. Olhe
para mim, ordenei. Não se vá assim.
Minha vida fechou duas vezes
antes de fechar. Sei,
que aquela planta
cresce de modo tortuoso.
Há retornos, ela respondeu.
As amendoeiras caem na lagoa.

No outro dia havia luz cruel.
Outro extremo de sol,
onde não nos atirávamos. Os
poemas álibis recuavam. Caíam
no canal as árvores de outono.
Certa vez, me lembro, te vi
numa sombra vermelha,
temi com estardalhaço.
Não há pouso, pensei no meu temor.
E no entanto haveria. Bichos.

16.7.83

Toda saudade desobediência.
Espaço! Este céu ensurdecedor.
Caem pedras de gelo.

O que eu não dizia era matéria para pequenos traslados.
Eu subia a boca do metrô. Golpe de ar insensível
aos pássaros de tarde. Podia ser outra, a cidade.

De leve! A luz se rompe através dos vidros.
Vou saltar e me pegam pelo pé.
Quem mando.

Talvez começando a desenhar.

17.7.83

Sonhei que tinha havido inundações e deslizamentos terríveis. Um barranco obstruíra a Av. Niemeyer. Os carros mal podiam passar. Larguei meu carro e com energia galguei o barranco. Eu andava léguas, ia vendo as devastações, encontrando pessoas, atravessando a casa dos outros, ricas casas cheias de quartos, às vezes me diziam seu quarto é aqui mas eu sabia que não era e seguia adiante. Havia muito verde, era como o campo inglês.

Mary me atendia em sua casa. Estava vestida com lãs muito belas e conversava alegres futilidades e me mostrava quadros, desenhos especiais, eu me inclinava para examinar. Na saída ela carregava caro material de férias e inverno, colchas, sacos de dormir, tudo colorido — como que um material esportivo dos mais caros. Eu reparava naquilo, era para as férias das crianças, como ela devia ganhar bem. Eu ia saindo com um panfleto de greve ou um desenhozinho na mão e as crianças — as duas gêmeas, bem menores — corriam atrás de mim, queremos ver! queremos ver! Eu queria tanto brincar com elas e cheguei a mostrar um pouco o papel, mas há limites, Mary veio e puxou-as para dentro e foi fechando a porta com esforço até eu ficar sozinha no hall do elevador.

20.7.83

Parece que há uma saída exatamente aqui onde eu pensava que todos os caminhos terminavam. Uma saída de vida. Em pequenos passos, apesar da batucada. Parece querer deixar rastros. Oh yea parece deixar. Agora que você chegou não preciso mais me roubar. E como farei com os versos que escrevi?

23.7.83

Não está morrendo, doçura.
Assim como eu disse: daqui a dez anos estarei de volta.
Certeza de que um dia nos reencontramos.
Doçura, não está morrendo.

Barca engalanada adernando,
mas fixa: doçura, não afoga.

Por que escreve e rasga a fogo
o que te dei e arrisca
meu nome na roleta?
Por que esta exposição à luz?
Espero que me liguem
a algum pedaço de terra.
Aqui no fundo do horto florestal
ouço coisas que nunca ouvi,
pássaros que gemem.
Aguço o ouvido.
Peço para mim mesma que ligue, ligue, ligue
os aparelhos surdos que só fazem som e tomam
o lugar clandestino da felicidade.
Preciso me atar ao velame com as próprias mãos.
Sopra fúria.

Estou vivendo de hora em hora, com muito temor.
Um dia me safarei — aos poucos me safarei, começarei um safari.

1.8.83

Aqui, minha Filha, chega.
Você acaba de chegar.
Não escapa mais das quatro paredes.
Querida, nossa história terminou no hospital.
A gente não tem coragem.

Pitonisa é aquela que um dia queimou e cujo
fogo desce do alto em bênção de ventania sobre
nós em bênção de vendaval. Outra vez a lotação jamais
estará lotada para ti, digo, vem, é possível,
vem imediatamente, possível.
Hoje comeremos carne.
Vem imediatamente, possível, e nos leva.
Durante estes últimos meses amor foi este fogo.
Contagem regressiva: a zerar.
Hoje é o zero,
e daqui (Cristo em cruz de costas)
começo a amar.

Escapa pela extremidade.
Bênção.
Bênção para jamais.
Vem de imediato, possível.
Daí do campo se percebe com
mais precisão, Agá?
Mesmo se não te escrevo uma
resposta da cidade. Cais
do porto. Arranhacéu
ondulando no óleo da água. Travessia do
aterro em terceira para
a volta do circo: lenta
madrugada. Tua mão na minha perna
exatamente como um repouso,
Moonlight serenade.
Pequena tremura da mão.
Travo de tresnoite.
Em que papel de seda posso pernoitar?
Mamãe cercada dos
alunos.

fotografando

Hoje estas delícias do banal me lembram
quando eu te amava à distância —
trope galope de dois cavalos pelo mato
abro o livro do dever muito depressa
sacudo as folhas do alto da cabeça
e cai um aviso, mania de segredamento
“naquele dia...”
Lampejei.

A luz se rompe.
Chegamos ao mesmo tempo ao mirante
        onde a luz se rompe.
Simultaneamente dizemos qualquer
        coisa.
Então dou pique curva
        abaixo, volto e brilho.
Mirante extremo onde se goza.

Entrando pela primeira vez
no recinto fechado da casa.
Pura tempestade, cântaros, delícia.
Gozo acorda, horto e hotel.
A cidade inundando.
"Agora sou tua amante: já posso sair de madrugada."
Já posso me fartar e não sou ladra.
Pickpocket!
Desperdício.
Carona.
Tranco.
Fog.
Certa noite avoluma-se a renúncia.
Farol antineblina. Bliss também.
Pensei que não viria mais aqui.
Mas fiz por onde.

ricas e famosas

Estou
trêmula porque não cabe no tempo
trêmula — porque não cabe — no tempo
que não te oferto
habito a casa de quando em quando
meu bem: a visão da janela escapa
não te oferto
Não, não é diante da janela
que falo
        Não é diante da janela que te falo.
        Não recito para os pássaros.
Não é o que se diga.

“Não adianta.”

Antes havia o registro das memórias
cadernos, agendas, fotografias.
Muito documental.

Eu também estou inventando alguma coisa
para você.
Aguarde até amanhã.

Uma vez ouvi secamente o chega pra lá
e pensei: o mundo despencou

quem teria a chave?
Chamem os bombeiros, gritou Zelda.

Alegria! Algoz inesperado

a vidente se recolhe

Ardo de curiosidade pelo futuro,
me diz a moça mais oca da sala. Está escrito?
Isso me interessa, seu suspiro náutico,
porque não era ardor: a doçura da tolice singra a festa.
Adiante encontro um moço que me tolhe o passo e diz,
deixe-me levar, a dança... Ainda não.
Passo. Ainda não. Sigo o fio espiral do telefone
em curvas que roçam no batente várias portas.
Disco. Venha me buscar às tantas. Chegando
o fusca no portão, estou ali debaixo da garoa.
Vou guiar. Desço sem rilhar pneu.
Te levo para a sombra de árvore rendada na luz branca.
Manchas de umidade sob o parapeito. Ar de horto.
Veja a vista da cidade atrás da sombra.
Céu cortado por metade de holofotes em circulação.
Pó de maresia ao longe. Lagoa e jóquei, istmo, hotéis.
Daqui a cidade é brilho para adivinhar e rumoreja.
Também dou meu ombro de marmota recolhendo.

pedra lume
pedra lume
pedra
esta pedra no meio do
caminho
ele já não disse tudo,
então?

Agora, imediatamente, é aqui que começa o primeiro sinal do peso do corpo que sobe. Aqui troco de mão e começo a ordenar o caos.

Tenho arrumado os livros.
Tiro de uma prateleira sem ordem e coloco em outra
com ordem. Ficam espaços vazios.
Hora em hora.
Não tenho te dito nada.
Ligo para os outros.
O que eu poderia dizer é perigoso: certeza (assim como
eu disse: daqui dez anos estarei de volta) de que nos
reencontramos, cedo ou tarde.
Mas não sei mais quando

Cedo ou tarde reencontro — o ponto
de partida

Nada disfarça o apuro do amor.
Um carro em ré. Memória da água em movimento. Beijo.
Gosto particular da tua boca. Último trem subindo ao céu.
Aguço o ouvido.
Os aparelhos que só fazem som ocupam o lugar clandestino da felicidade.
Preciso me atar ao velame com as próprias mãos.
Sirgar.
Daqui ao fundo do horto florestal ouço coisas que nunca ouvi, pássaros que gemem.

A ponto de
partir, já sei
que nossos olhos
sorriam para sempre
na distância.
Parece pouco?
Chão de sal grosso e ouro que se racha.
A ponto de partir, já sei que
nossos olhos sorriem na distância.
Lentes escuríssimas sob os pilotis.

Estou sirgando, mas
o velame foge.
Te digo: não chores não.
Aqui é mais calmo, é suave ardor
        que se pode namorar à distância.
Não é teu corpo.
É a possibilidade da sombra.
Que se recorta e recobre.
Eles se desencaminham,
mas não se pode fazer por menos.
Querida, lembra nossas soluções?
Nossas bandeiras levantadas?
O verão?
O recorte dos ritmos, intacto?
É para você que escrevo, é para
                                        você.

"My life closed twice before its close."
Emily Dickinson

2.10.83

Volto pra você.
Sempre estive aqui,
nunca me afastei do ouro de Itabira.
A mulher barbada me espia com olhos de lúcifer.
Fala em Kardec, e eu me reviro em agonia:
já não, agora não,
a água ainda não está no ponto.
Me espere.

dia 16 de outubro de 1983

Primeira noite decente. Sonhei com o consultório da Mary atravessado de papel higiênico, grande confusão: seria quem? Analista, amiga ou namorada? Nenhuma das três?

Não quero agora computar as perdas. Perder é uma lenha. Lá fora está sol, quem escreve deixa um testemunho. Reesquentando. Joguei fora algumas coisas já escritas porque não era o testemunho que eu queria deixar. É outro. Outro agora. Acredite se puder. Rejane por perto, acompanhando meus progressos. Peço a ela encarecidamente que me faça o favor de lembrá-los. Eu mesma me exercito, mas que péssima memória! Notas, Armando. A memória Fraca para os progressos! Chega desse lero, *Poesia virá quando puder*. Por enquanto, Filho, é isso aí apenas. Saí ao sol onde tentei um do-in, me sinto exaurida. Lembra que o diário era alimento cotidiano? Que importa a má fama depois que estamos mortos? Importa tanto que abri a lata de lixo: quero outro testemunho. Diário não tem graça, mas esquenta, pega-se de novo a caneta abandonada, e o interlocutor é fundamental. Escrevo para você sim. *Da cama do hospital. A lesma quando passa deixa um rastro prateado.*

Leiam se forem capazes.

dia 17 de outubro de 1983

Segunda noite decente. Banho e depilação com A. Maria. Rejane chegou para a hora do almoço. Troca de quarto exaustiva. Grazyna apareceu. Lucia também passou na hora do almoço, quando D. Orquidéa, a terrível (agora sei história trágica da vida dela, os gêmeos inaptos). Com Rejane o tempo foi devagar, eu queria ficar deitada, Rogério chega com hálito de pingue-pongue e sou acometida de desejo de mascar um também. Vamos ao botequim comprar chicletes em profusão, ler jornal no pátio. (1ª página e Zózimo, e olhe lá), jogar na loto. Mamãe aparece pela 2ª vez, e sobem os grilos com ela, se ao menos minha memória estivesse melhor… *Reconstituir o elo perdido.* Tanto mais cedo com Rogério, que conta um pouco da vida dele. Estou exausta, ele ainda está aqui, vai chegar a enfermeira da noite às 8. Com Grazyna é bom mas agitado. *Preciso ir muito devagar*, mas a pressa de ficar bem me atrapalha.

Não querida, não é preciso correr assim do que
vivemos. O espaço arde. O perigo de viver.

Não, esta palavra.
O encarcerado só sabe que não vai morrer,
pinta as paredes da cela.
Deixa rastros possíveis, naquele curto espaço.
E se entala.
Estalam as tábuas do chão, o piso rompe, e todo sinal é uma
profecia.
Ou um acaso de que se escapa incólume, a cada minuto.
Este é meu testemunho.

Acabo de fazer uma grande descoberta. Se olho fixamente para um objeto qualquer durante algum tempo, esse objeto não se move. Pelo contrário fica exatamente na mesma posição que antes. Este fato me levou a algumas considerações extraordinárias. Estou convencida de que se trata de um processo nunca antes pensado pelo ser humano. Preciso de tempo para desenvolver minhas pesquisas. Talvez ainda haja tempo depois que eu sair deste CTI infame onde sou obrigada a viver.

nota

Dentre os Dispersos já haviam sido publicados:

No "Folhetim", *Folha de S.Paulo*, em 4.11.84,
e em *O Liberal* (Belém), em 3.3.85
Senhor A
Jururu não sei pedir
Landscape

No "Caderno B" do *Jornal do Brasil* (Rio de Janeiro), em 29.10.84
Psicografia

No *Malazartes*, nº 1 (Rio de Janeiro), set./dez. 1975
Olho muito tempo o corpo de uma poesia
Vigília II

No *Belo Belo*, nº 1 (Rio de Janeiro), no outono de 1985
Forma sem norma...
Pergunto aqui se sou louca...
Poema óbvio
A ponto de partir

Na *IstoÉ* (São Paulo), 9.11.83
A ponto de partir
Não volto às letras
Queria falar da morte

No "Folhetim", *Folha de S.Paulo*, em 2.10.83
Contagem regressiva

Ana Cristina Cesar

antigos e soltos

poemas e prosas da pasta rosa

[2008]

Créditos da edição original

ANTIGOS E SOLTOS

Projeto gráfico e capa

Kiko Farkas/ Máquina Estúdio

Catalogação e legendas

Manoela Daudt d'Oliveira

Digitalização dos fac-similes

Daniel Magalhães de Arruda

Joanna Americano Castilho

Checagem e revisão

Flávio Cintra do Amaral

Helio Ponciano

Produção editorial

Acássia Correia da Silva

Carla Aparecida Carretoni Brandão da Silva

Fabiana Martins Amorim

Impressão

Ipsis Gráfica e Editora

AGRADECIMENTOS

Armando Freitas Filho

Waldo Cesar (*in memoriam*)

Outubro de 2008

TIRAGEM: 2.000 exemplares

TIPOGRAFIA: Adobe Garamond, Stempel Garamond, Interstate

SOBRECAPA: Vegetal 180 g/m²

MIOLO: GardaPat 13 KIARA 100 g/m²

nota do curador

Publicar poemas "impublicados" de um autor morto é sempre uma traição. Ainda mais quando eles trazem uma rubrica: "Prontos mas rejeitados". Mas se não fosse um traidor como Max Brod, Kafka não existiria. Ou existiria para uma vida menor.

Uso, portanto, essa desculpa clássica para trair Ana Cristina Cesar, mais uma vez. Extraio, de *Antigos e soltos* (que tem o codinome de "pasta rosa"), primorosamente organizado por Viviana Bosi, justamente a seção citada acima; sim, eles foram rejeitados, mas foram declarados prontos. Como diz Viviana, Ana Cristina organizou até um índice dos poemas/prosas ali arrolados.

Posso dizer que me lembro de quase todos eles quando Ana montava seu primeiro livro, *Cenas de abril*, que saiu em 1979. As composições que formam "Prontos mas rejeitados" são, majoritariamente, dos anos 1970; por isso mesmo posso concluir, com conhecimento de causa, que elas foram rejeitadas das *Cenas* por quem preferiu, com mão severa e injusta, cortá-las. Por quem preferiu um livro magro e inevitável para ela mesma, sem apostas maiores.

Creio que faço justiça agora ao publicar na íntegra "Prontos mas rejeitados", como parte desta *Poética* de Ana Cristina Cesar. Mas, pensando melhor, a seleção não estaria completa se eu não incluísse também a última seção da "pasta rosa", "O livro", sua primeira tentativa de escrever um romance, a que sempre aspirou. Tenho para mim que esse desejo começou a se realizar em *Luvas de pelica*, pois conjuga prosa/poesia com precisão e arte, sob as vistas de Katherine Mansfield.

Armando Freitas Filho

Foram mantidas as notas da edição original. (N. E.)

três cartas a navarro

Navarro,
Te deixo meus textos póstumos. Só te peço isto: não permitas que digam que são produtos de uma mente doentia! Posso tolerar tudo menos esse obscurantismo biografílico. Ratazanas esses psicólogos da literatura — roem o que encontram com o fio e o ranço de suas analogias baratas.
Já basta o que fizeram ao Pessoa. É preciso mais uma vez uma nova geração que saiba escutar o palrar os signos.

r.

Navarro,
A animalidade dos signos me inquieta. Versos a galope descem alamedas a pisotear-me a alma ou batem asas entre pombos pardos da noite. Enchem o banheiro, perturbam os inquilinos, escapam pelas frestas em forma de lombrigas. Ó melancólica impertinência das metáforas! Tenho pena de mim mesmo, pena torpe de animais aflitos. Ao animá-los me dobro sobre a pena e choro. Meus ouvidos vomitam ritmos, lágrimas, obedeço. Tenho medo de dizer que a forma das letras oculta amor, desejo, e a tua esquiva pessoa ao meu redor. Na próxima tentativa (e cinco espinhos são) não soltarei mais que balbucios.

r.

Navarro,
Hoje produzi um personagem que já me alivia as ansiedades do silêncio. Hesito ainda sobre o sexo e a idade que lhe darei. Mas não há por que preocupar-me: essas questões já foram devidamente resolvidas por Orlando. Temo apenas por seu futuro: sonha criar páginas imortais mas tortura-se na improdutivida-

de. Receio que também este problema tenha sido superado pela grande Woolf. Quem diria, aqui vou eu incorrendo no delito de exaltação de Personalidades! Desde que li Pessoa porém não me deixa o tiro de sair pela culatra. Caluda, que ouço a porta! Eram os velhos que voltavam à tenda celeste. Sem eles Deus se sentiria órfão, com eles tenho a certeza sente-se divino. Falava-te da personagem relegada, a quem já conferi família. Pois me parece que aprecia o mar e as covas, mormente os moluscos retorcendo-se nos seus abrigos. Crê imitá-los em papéis, mas não encontra ponte entre tais seres e tais formas. Tal ser tal forma, já dizia minha tia a quem amava mas espelhos solícitos desmentiram-me num piscar de olhos. A figura de uma tia amada é porém ainda maior que o desespero das evidências... Que venham a mim as colagens e seus delírios. Ou as criancinhas, cujos olhares me enternecem os tímpanos exaustos. Falava-te de vísceras. Guarda este segredo; esta secreção. Não,

r.

rimas em OR

1

Judas e Miller não se encontram na vila medieval. Não há nuvens brancas nem névoa baixa no jardim. Não há caixas de correio quietas. Nem tomates apodrecendo no aparador. Não. Miller não saiu de Paris e Judas caminha numa estrada de pó.

2

Os primeiros miados. Os suspiros recíprocos escondidos entre a nossa conversa. Criações lânguidas, crianças orais, piromaníacas. Os jalecos sujos de giz o professor a virgindade do professor o apagador o apagador o apagador.

3

A escola tem uma biblioteca. Uma escadinha de metal para alcançar mais alto, onde chove e não faz sol. Lá tem pó.

A biblioteca tem dois tempos alternantes. Janelões emperrados. Tempo de silêncio espremido cômico leitor. Frinchas e vento encanado encenando cagando para as letras. Tempo de oncinhos fifecos, alunelhos, bundinhas rápidas e tranças.

A biblioteca não é moderna. Na estante velha não tem romances incertos, só certos. Bolor. Calor. Lombo, lombada, lambida, relida. Eu quero aquele livro que dá tesão, não?

Era noite e uma luva de angústia me afagava o pescoço. Composições escolares rodopiavam, todas as que eu lera e escrevera e ainda uma multidão herdada de mamãe. Era noite e uma luva de angústia... Era inverno e a mulher sozinha... Escureciam as esquinas e o vento uivando... Saí com júbilo escolar nas pernas, frases bem compostas de pornografia pura, meninas de saiote que zumbiam nas escadas íngremes. Galguei a ladeira com caretas, antecipando o frio e os sons eróticos povoando a sala esfumaçada.*

— Somente uma transformação radical da infraestrutura econômica produzirá novas relações entre os homens, e consequentemente entre homens e mulheres!

— Não senhor! A revolução não acontecerá apenas num dia remoto, mas é um processo a se desenvolver a cada dia em cada ato da vida cotidiana! Interferência do rapazinho inteligente: Mas como essa consciência nova ultrapassa a experiência individual para virar projeto social? Como traduzir a consciência da necessidade de relações interpessoais novas em uma ação organizada de mudança social radical?

E o projeto político-literário: Despoetizar a escrita feminina. Suprimir o mito do sexto sentido, da doce e inefável poesia feminina. A falsa grávida com gazes.

— Estrutura histérica! grita a fada madrinha. Assinado embaixo:

Nós do outro sexo, do sexto sexo.

* Trecho publicado em *Cenas de abril*, sob a data "19 de abril".

gramas

O coração tem pouca ironia de tardinha
Segredos carnais à flor da pele
poemas descarnados aguardando

A vida recusa transportar-se para outeiros
buracos cavados por doninhas
ervas que florescem

O coração tem pouquíssimo fôlego na piscina
Nos quintais dispara úmido
Nas salas fechadas cuida das buzinas

A vida se encarrega das janelas
mas acaba descendo em correria
Não cabe Não suporta Não tem peso

por enquanto

Quando
então
sentada na cama de casal
lembro que nela te perdes de
beijos
estou sem ar
no ar mexo as mãos
olhos
força nos ombros no nariz;
a garganta solapa; via
estreita,
nossa conversa amena;
nossa amizade;
até o previsto e casto
adeus;
o tempo se poupa;
nos economiza;
e teu ouvido
mouco;
e o troco;
e enquanto isso,
fora,
o real constrói o poema,
imbatível.

Como introdução a uma matéria local.
Primeira noite: a diretora que me expulsou implora um perdão emotivo, me procura, há cenas emocionais de perdão, reabilitação. Eu quero me comover mas ao mesmo tempo faço a crítica da reviravolta: a princípio totalmente ditatorial, agora totalmente infantil; de um lado a racionalidade, de outro as emoções, separadas, sem vínculo aparente.

Segunda noite: estou apaixonada pelo Horácio, personagem interpretado pelo (barrigudo) José Lewgoy na novela que termina Dancin' days. Choro de paixão. No entanto sei que não posso deixar o meu navio. O navio navega. Sofro teatralmente, assisto ao teatro, à novela, à tv.

Terceira noite: sei que posso escrever. Alguns erros datilográficos, nada mais. Sintaxe perfeita. Qualquer rapidez qualquer noite. No entanto sou avassalada por velha preguiça, velha self-pity, indulgência. Não era mais a mesma, no entanto queria sê-lo. Velha Ana! E boba.

notas de aula

irrigação do solo
primeira dinastia babilônica
grandes impérios subalternos
armadores de expedições
clima de sublevação
bolos de palavras
no fundo da sala a ex-
-professora que amei
a imagem do amor no espelho
importância crescente dos comerciantes
a ex desvia o olhar: somos colegas
no império dos catedráticos sorrisos
assim se encaminha a humanidade
não é preciso contar a história de Édipo
melancólica, infantil, saudade
nenhuma dúvida,
livre empresa, baby

mais notas d'aula

Estou me embebedando romanticamente entre os chafarizes; fumos me passam nos cabelos; passam homens delicados — ó os delicados! ó fome desta pele frágil e branca dos desfalescentes! Sou mulher grande, farta, poderosa, exclamo alto nas trevas românticas entre milhafres e podridões torcidas. A água me turva nesta praça. Imploro aos frágeis que tomem a peito estas crianças, que ergam pedras. Me encharco até molhar completamente as pernas.

A greta entre as tábuas do assoalho
(não falem desta mulher perto de mim)

Um controle (teórico) do narcisismo??

conto de fadas

O velho sorrateiro desce a escadaria com o mapa secreto nas mãos. O rapaz olha de soslaio. O rapaz que cola na escola, trechos inteiros de Balzac. O aluno louro e arrogante. A professora relê o manuscrito com rugas, deseja abandonar óculos pretos no nariz. O velho abre o mapa sobre a mesa. Os olhinhos batem: primeira, segunda, terceira, ré. O rapaz esperto prepara a cola com zelo, com dó das memórias impossíveis, com raiva dos bigodes que não crescem. Há um porteiro de bigode que ri ao destrancar a porta. A professora sente gorduras nos olhos, coceiras na porteira, trancas sebosas abrir e atrás a roca o fio o sangue o mato adormecido brisa retorcida no castelo. A portinha estreita, a passagem para o sótão. O casarão de Usher que despenca. Não olhe para trás, o passado salta ao rosto como um gato enraivecido. Não há tesouros. A professora nunca leu Balzac mas sente medo, dor embaixo da barriga, onde seus oclinhos não alcançam. Fingindo curiosidade o louro estuda o Ártico e inventa indagações precisas, expedições, pinguins, experiências à luz infravermelha. A última mestra de liceu. A chave mestra do castelo. O mato ao redor. Adormecidos sobre o mapa. O gato olha três formigas, formações na escada. Duas sombras se amam no jardim, a mestra tranca a porta sem talento, se esconde da sombra do açougue, ouve ritmos de moscas. A vela molha a casa, dá alarmas nos sonhos desse louro duro, a vingança escolar na antena solta no telhado. O velho não lacrimeja sobre o mapa, os pequenos cabelos escondem latitudes, jasmins noturnos, voyeur magro de lanterna no jardim. As figuras do espelho levam susto antes de seu gozo, fogem pelo mato crescido que adormece todos os tijolos e lacaios do castelo.

33ª poética

estou farto da materialidade embrulhada do signo
da metalinguagem narcísica dos poetas
do texto de espelho em punho revirando os óculos
modernos

estou farta dessa falta enxuta
dessa ausência de objetos rotundos e contundentes
do conluio entre cifras e cifrantes
da feminil hora quieta da palavra
da lista (política raquítica sifilítica) de supersignos cabais: "duro
ofício", "espaço em branco", "vocábulo delirante", "traço
[infinito"

quero antes
a página atravancada de abajures
o zoológico inteiro caindo pelas tabelas
a sedução os maxilares
o plágio atroz
ratas devorando ninhadas úmidas
multidões mostrando as dentinas
multidões desejantes
diluvianas
bandos ilícitos fartos excessivos pesados e bastardos
a pecar e por cima

os cortinados do pudor
vedando tudo
com goma
de mascar.

out. 75

uma carta que não vai seguir

Você falou em sorvete de pistache, saudades antigas. Hoje sinto uma nostalgia esquisita: do cheiro do detergente que lavava as louças em Londres, doce e perfumado, acrílico. Certas melancolias só a correspondência recupera. Escrever com objetivo, escrever num papel que viaja e chega ao outro lado, escrever pra dizer *Coisas*. Pistacchios & detergentes. Decido *fazer* (é o verbo) um livro de correspondências. O nome pode ser esse mesmo. Ou Livro das Correspondências. Ou algo no gênero (tremor: minha mãe, e o horror do anúncio da Shell, sempre reprimiram a palavra algo) (alga) (fidalga) do título do próximo livro do Chico, "céu, montanha", acho. Podia ser "mostarda, pneu" ou "dearest heart" ou "Disfarce e chore" ou "marília, dirceu", ou "cartas do além" ou "coração, pneu" (algo ! entre de amicis e camilo) ou ".

tertúlia

é tudo uma questão de ordem, nos disse o velho a subir as escadas. estávamos bem a par das convenções romanescas e não relutamos em acrescentar: sim, meu caríssimo professor, é tudo uma questão de desordem. o velho mestre tirou o molho de chaves da sua gasta boceta de couro envernizado e replicou com um suspiro: continuo a insistir que a sua ironia é arrogante demais; sugiro que a torne mais velada, mais sutil, oculta entre as dobras do texto. entre os pelos do texto, corrigiu afonso, que no seu afã de rigor havia se abaixado para apanhar as dezenove chaves que escapavam da mão do mestre, incluindo uma de ponta recurvada. vilma que vinha logo atrás balançou o cardigan que trazia na mão direita (a que escreve) e declarou o seu desejo de começar imediatamente a redação de um romance de suores e paixões... veladas! acrescentei, arriscadamente fazendo pouco-caso do velho que a essa altura havia aberto a porta de mogno. que tal intitulá-lo "As Carnes Veladas"? vilma porém ignorou minha pergunta e sentou-se incontinenti no assoalho para iniciar seu proclamado livro. juan foi o primeiro a entrar com ares de desconfiado. lá estavam olavo e jaguar redigindo um manifesto na mesa redonda da biblioteca. vilma deixou-se ficar no chão já rabiscando as primeiras palavras. vinham-me ímpetos irresistíveis de antagonizar-me com o mestre. atrás de mim ana ainda sorria às últimas frases do velho. ana estava em plena fase de aderências. estou com tesão por você, disse-lhe célia mal entramos no hall, ao que ana desfez-se em gargalhadas histéricas. o professor alisava o mármore pensativo. ainda relutei se devia abandonar vilma esparramada na soleira. talvez puxá-la um pouco para frente ou para trás, para que augusto, que lutava bravamente para cerrar a porta, pudesse enfim nos separar do mundo exterior. afinal penetramos na biblioteca onde o movimento era grande. ana relatava para um grupo misto seu último e edipiano sonho onde cavalos pensavam alto. mas então, minha cara, estás convencida realmente? o professor saía do seu humor contemplativo e me dirigia a palavra novamente. Sim, prezadíssimo amigo, nunca estive tão pouco convicta como neste momento. da porta veio um gritinho de mofa de vilma. não pude perceber se ela gritava para si ou para a minha réplica mordaz. sorri levianamente e procurei a bela célia com os olhos. talvez não saiamos vivos daqui, falou juan melancolicamente. certamente não sairemos vivos desta vida, retrucou afonso que até então havia escutado pacientemente os relatos oníricos de ana. célia vencia sua propalada timidez e apalpava a nuca de ana, que não parava de contar seus sonhos, agora acompanhada de mímica expressiva. ao mesmo tempo rebolava de cócegas com os arrepios que os longos dedos de célia lhe provocavam. o professor mirava o teto austeramente. olavo acendeu as velas e preparou-se para ler o manifesto. minha prezada conterrânea, creio que a geração presente ainda não está preparada para ouvi-lo, sussurrou-me nos lóbulos o mestre, tentando voltar à vaca fria. ana suspendeu imediatamente sua múltipla atividade e esquecendo-se de afastar a mão de célia aguçou sua teoria para apoiar o provisório mestre. a plateia do sonho pedia mais quando se ouviu um tropel no pátio e... eis que chega o cavalo pensante! exclamou jaguar para assustar-nos: era a primeira frase do manifesto. enquanto isso chico e cacáz galgavam os degraus da entrada. gritos de dor de vilma, que mal terminava a primeira página do livro e já os cães da oposição me pisam o baço! foram as palavras vindas da porta. mas era apenas um tropeção que a pressa provocara. meditando nas palavras do professor, indaguei de juan se o mestre estaria se referindo a mim ou ao manifesto. célia se acercou curiosa sem largar a roliça nuca do seu objeto amoroso, que nesse momento encontrava-se estirada no chão, com a boca rente às enceradas ripas, tentando comunicar-se com vilma através da transmissão do som por superfícies polidas, me explicava olavo ao mesmo tempo em que pedia atenção do grupo, exortando afonso a parar a batucada. ia começar a função.

(Obs.: a autora escreveu à mão sobre o texto datilografado outros nomes para as personagens: Vera, em vez de Vilma; Zulmira, em vez de Célia; e Juan Carlos, em vez de simplesmente Juan.)

A qualquer momento chegarão os portadores da tragédia. Abro a porta e eles amordaçam minha dor com olhos melífluos, expedientes da compaixão. Há uma carta guardada na geladeira, sumos, travos, jarros escorregadios, derramo o leite sobre os restos de rosbife, vomito no corredor. Sempre odiei os consoladores que agora me amparam. Me tomam pela cintura, bato as pernas no ar, nado e aos poucos aprendo o ritmo. Baforadas regulares suspendem a necessidade do tratamento de urgência. Os médicos não chegarão, respire, respire. Alguém sugere chá com leite. Alguém percebe o estrago, a carne surpreendida, o suor coalhado nas vigas. Me pousam no tapete, acarinham meu queixo pelado. De costas para a terra a natação fica difícil. Alguém liga o ventilador Arno para espalhar o pó. Os anjos decaídos chegam do deserto? Alguém traz o aparelho de pressão para que eu não sinta a tua falta, doutor? O doutor não virá mas nós estamos aqui, meu bem. A água está fervendo, sussurra alguém para evitar que eu escute? É inútil porque minha cabeça encosta à altura da porta da cozinha. Com o rabo dos olhos vejo toda movimentação carnívora. Tenho orelhas muito ágeis. Os consoladores fazem-se de ágeis, enchem a casa de fôlegos refrigerantes. Secundam as marés com instrumentos clínicos para que eu não me afogue. Faço respiração num ritmo que não conheço bem. Estou enfim absoluta, não me movo mais. Sou apenas o olhar branco das panelas. O fogo apaga-se.

minuta de férias

1

Fraturo as mãos. Me reúno com casal em lugar ermo. Máquina de escrever é peça irônica entre bagagens. "Faz vinte dias não olho o espelho" me diz ela. "Faz vinte dias não escrevo palavra" digo-lhe em revide. Estaríamos a falar da mesma coisa? Enquanto isso eu e ele discutimos a grandeza dos poetas. Entre um Pessoa e outro me aconselha estilo enxuto. Estaria a falar em pouca lágrima? Faço pouca fé. Sem mãos piora essa pessoa. Nem sei onde contar esse triângulo. Manietada a memória não escapa das três extremidades. Nem mãos tenho para atirar a flauta seca ao mar. No gesso estéril aqueço mitologias: o casal se encolhe exato e cabe na palma branca e dura que me atrela.

2

Não sei o que vai sair dessas mãos de gesso. Não sinto nada e terrível como de Oswald para sentir um gosto. Telefono amiga. Recito decálogo do alô-alô. Desminto tudo com vozinha de pastel. Amiga arredia perceberia tudo? Continuo melada por dentro. Amiga não aparece mais. Penso em presentinhos, novos desmentidos, novos ricos beijos, sonatilhas. Sem ligas perco amistades mas quem as há-de. Anseio pelo sono. E que diria do teu seio, ó fulgurante. Elocubrar seriíssima. Depois abrir a boca e sai tudo pelo avesso.

diagnóstico precoce

Fraturo as duas mãos no carnaval. "Uma doença grave esse
amor sem braços."
Me surpreende em trânsito, malas e carroças, palavras
escaramuçam gesso.
Releio outras do namorado que fugiu pra Europa "as mulheres
tarde pra ver com olhos límpidos". Generalizar para não
assustar.
(Dúbia sentença política!). Ostento biográficas palavras
embora maneta e sem luneta. Tarde demais esse amor sem
dedos.

poeminha-minuto. (para ir de encontro às leis do grupo)

eu te chamei de sacana porque tenho ciúmes
dos quatorze versos você fez
~~que vo~~
neste fim de semana.

A Lei do grupo

"todos os meus amigos
estão fazendo poemas-bobagens ou poemas-minuto"

O ~~[illegible]~~ namorado

No cais outra vez

todos
~~os amigos estão fazendo poeminhas-minuto, frases relâmpagos golpes ou bobagens~~ O namorado se retira uma semana e produz catorze poemas de qualidade. ~~Programa-se uma coleção de poesia intensa movimentações nos círculos literários~~ ~~E depois parte para a Europa~~ Deixa publicado dois livros e parte para a Europa com um terceiro debaixo do braço. Certamente lá produzirá o quarto. E eu que não produzo nada mordo as cordas a âncora esse ~~abandono~~ [illegible] [illegible] e uma partida seca na goela.

~~[illegible]~~

poeminha-minuto
(para ir de encontro às leis do grupo)

eu te chamei de sacana porque tenho ciúmes
dos catorze versos você fez
neste fim de semana.

a lei do grupo

"todos os meus amigos
estão fazendo poemas-bobagens ou poemas-minuto"

no cais outra vez

O namorado se retira uma semana e produz catorze poemas de qualidade. Deixa publicados dois livros e parte pra Europa com um terceiro debaixo do braço. Certamente lá produzirá o quarto. E eu que não produzo nada mordo as cordas a âncora e uma seca na goela.

idispiando

o casal dança coladinho às vezes me pisa o pé
falo coisinhas eles nem ouvem me deito no chão
me estão pisando a bunda abertamente
fico ouvindo marchinhas para lembrar o primeiro amor
aquele big romance! da adolescência
dá nela, dá nela
tento esquecer mas eles pisam pisam pisam
no céu não tem porra de lua não tem porra de nada caceta que
[merda
será que depois de tanta piscadela ainda posso tragar
Drummond "no chão me deito à maneira dos desesperados"
falar belo assim?
tô vivendo com você num martírio sem igual
minha cabeça tá fedendo, tá saindo matéria chichilenta desse
[crâneo!
nunca mais tive um big romance!!
tão se beijando não vendo ó eu aqui caralho!
não é qualquer mulher que consegue conquistar meu coração
será que depois de tanta sacanagem eu ainda persisto no
[trilema idipiano?

solto a cabeça
entre os pombos
pardos da noite

a língua mãe lambe
e enlaça o voo
meu trôpego

silêncio

banquete

cheguei a perder o
paladar
de tanto pensar que
comia

"as palavras escorrem como líquidos lubrificando passagens ressentidas" foi publicado em *Inéditos e dispersos*.

lá onde o silêncio é relva
de lá corrói-se hoje o texto
corrói-se porque hoje o agarra
o pré-texto que nunca se alheia
e o antecede em silêncio
lá onde os signos me esquecem
separados pré-texto e soneto
esqueço que os tenho alheios
à pressa de separá-los
esqueço que lábios e signos
sem pressa se fazem relva
e inscrevo desconhecido
o último verso desgarrado:

26.9.72

atrás
dos prédios adivinho a sombra
da lua baça presa no concreto
dança e voo imóvel sobre o medo
e o teto inexistente da cidade

atrás
do duro sonho de edifícios
passa um feto de satélite
descubro o duende difícil intercalado
e doo em mim ao projetar o tédio sobre a festa
feita em pedra de luz da noite casta

e onde se quebra o vasto peso do projétil
o leite em lua deita indiferente
ausência gasta
entre o tátil que me perde sem perder-me
e o verme louco da vontade

me afasto percebendo toda inútil
a gorda mancha esvaziada
talvez desconhecendo o medo vivo
deixe indelével um rastro na calçada

A Ampola

Tardes de sábado. Que fôsse desgraçado de não acontecer. Noites de sábado. Ar de espera. Chove e Copacabana se iluminando, ~~passou a dôr de cabeça, eu não tenho pantalonas, o livro se esgota~~ no dia 9, ~~ainda não dei o presente da Eliane para~~ a Eneida por ler. Me enchem de asias estas noites cheias de Eneida por ler. Esqueci de tomar o remédio, li os cabos e os rabos do Pasquim, já pensou uma filha nossa ~~se chamando~~ chamada, se chamando Eneida? ~~Não fui à aula~~. Meu deus do céu, eu já estou falando em filha nossa! Nossa o quê? Êsse Rio de Janeiro está tão completamente, que lugar sem mais nada, aqui a gente senta sábado de chuva de noite para ouvir ~~[illegible]~~ Brahms e curtir Virgílio! Havia um tempo, eu amava a Clarice Lispector de todos os meus corações, eu escrevia corações assim no plural nas cartas infinitas, ESPERAVA A HORA DA CHEGADA DO HOMEM ~~PELAS~~ NAS HORAS DA RUA, sentava com o olhar de indiferença no ônibus ~~[illegible]~~ pelo atêrro frontal; sempre os muitos adjetivos se assoando e as mútuas cedilhas, ~~o [illegible] objeto direto preposicionado~~, ia dar aula de inglês para aquêle pessoal que pagava para ver, escrevia parágrafos inteiros. O tempo das palavras e dos motivos e dos ritmos muito pra cá de favoritos. Os telefonemas às duas, as saudades de Londres, o olho traindo, traindo pelos parques com a consciência dos que traem e depois racionalizam, racionalizam para agüentar os orgasmos nunca vindos. As palavras, os motivos, os ritmos e a biblioteca, os agonizantes, o sol, as repetições, como eu me repito, como eu me repito em ~~não há homem nem mulher que~~ me repita, mas acordes noviços. Cansa das entrevistas em que eu nunca figuro, das concordâncias desgastadas e dos complementos que sucedem a minha própria idéia de tempo. Fiz um ponto sim, nunca mais fiz oração nem vi televisão, mas antigamente chegavam cartas, eu ficava esperando as respostas, só certas respostas, um dia o peixe maior comeu o outro, um dia, qual foi mesmo.

calendário ~~sem~~ vitórias, quem fechou a porta em cima
preposições (supérfluas) ~~gastas~~? Eu sei, mamãe, você não gosta nada
sses estilos superpostos, o meu desejo de jaboticaba é
is forte (ajuda) [illegible], o
lefone despencou, tem também a incapacidade de
zer ponto, será a tal dificuldade ~~de~~ (em) acabar [illegible]
que falou Hemingway (mas êle acabou, ~~êle~~ fêz
gesto de acabar!) ou uma [illegible] falta de ar
rínseca que não permite retomadas de fôlegos
uscar ou repouso, anjos da guarda, ~~o~~ óculos
eta-simbólicos? ~~Não~~ quero dizer nada além do
esente que a criação não me nega, não tem a
menor significação além das volta que dá em
rno das voltas que dá em torno, pra que uma
ciclopédia, meu pai azul? Resolve-se o problema
uando se começa ou se deixa de falar no problema?
Que pergunta tão verdadeiramente clara, e tudo
n causa de um ponto de interrogação. Como suprir o
erbo suprir. Será ou não que eu devo usar o arrazoado
m zê na tradução de Julius Caesar? Lá êles te
hamavam de Caesar? Me dá um choque daqueles,
não escrevo por superstição, conta aquela historinha
do anão que o enganava os – como foi mesmo
ue o doutor que não gosta do preto disse o-
incautos, a ampôla quebrou, se alguém quiser
azer análise sintática às (minhas) custas ~~da minha~~
~~desintegração do meu calo no 3º dedo~~, não diga
ue incautos era objeto, era um vocativo [illegible]
vocativo aos que se deixam ler, sentam ao
volante e dizem que não tem jeito, têm vontade
e dormir com a criatura ao lado mas não têm
oragem de se confessar ~~muito~~ (pouco) [illegible] impessoais,
azem festinhas sem maconha de vez em quando
e me levam por ruas arborizadas, uma
olta de bicicleta, o inexplicável a serviço do
utor sòmente, do autor sòmente, nenhum
nglicismo, Brahms na noite no trecho singular
icular labirintos sabáticos, precipitações e êstes
lurais muito queridos que me abstraem do
máximo e constroem a única ereção triunfante
de uma cabeça de voz chata; detesto o cheiro do
creme, o gôsto da azeitona perdida e a galinha

fora de hora. [illegible] perdi as espinhas e
os cachimbos, os suspiros, as iniciais, a verruga
e minhas raízes. Nunca me analisem sintàticamente êste
verso nem ponham a fuça do mêdo da morte no
jornais no meio de todo o tonquinismo aflito,
chico buarque era muito interessante, eu
mesmo ouvi naquele tempo de bôlo de fubá
e copacabana. Hoje além. A lista graciosa. Até
chegar o momento. Eu nunca inventei. A
ampola dentro da minha mão soa acorde de
Brahms. Quando a ampola se fecha em ampôla
chegamos ao comêço da noite, copacabana de [illegible]
Meu lustre tremula lânguido, chama o velho pai
híbrido de emoção latente, chama para a mesa,
chama o vizinho, chama a prova do bôlo do vizinho
chama a coalhada. conta os copos esquece a
carta no fundo das outras cartas que a gaveta
não se abre nunca, chama, se fecha sôbre a
ampôla, chama conjuga alcovas, divinos, doentes,
cruzes, pontes de cruzes, sopas sôfregas de cruzes
chama as cruzes as pontas prontas silogismos fim
[illegible] e inconcebíveis sagrados corações
de jesuses desusos bezerros debaixo do curral.
~~Esta na mesa~~ Ouçam a palavra clássica. [illegible]
Encurralados de cima a baixo. As orações [illegible]
[illegible] secularizadas viram espasmos
gramaticais. [illegible] Pifaram. Ninguém vê, ninguém
vem hoje ao baile que ninguém vê. Homeopàti-
mente os cortinados se inserem: entrepulos,
dores de parto, [illegible] nascimentos [illegible] valham
muito os recomeços intrépidos dos tenham-dito.

~~A CERA~~ [illegible]

a ampola

Tardes de sábado. Que gosto desgraçado de não acontecer. Noites de sábado. Ar de espera. Chove e Copacabana se ilumina. A Eneida por ler. Me enchem de azias estas noites cheias de Eneida por ler. Esqueci de tomar o remédio, li os cabos e os rabos do Pasquim, já pensou uma filha nossa chamada, se chamando Eneida? Meu deus do céu, eu já estou falando em filha nossa! Que nossa o quê? Esse Rio de Janeiro está tão completamente, que lugar sem mais nada, aqui a gente senta sábado de chuva de noite para ouvir Brahms e curtir Virgílio! Havia um tempo, eu amava a Clarice Lispector de todos os meus corações, eu escrevia corações assim no plural nas cartas infinitas, esperava a hora da chegada do homem preso nas horas da rua, sentava com o olhar de indiferença no ônibus lésbico pelo aterro frontal; sempre os muitos adjetivos se assoando e as mútuas cedilhas. Iria dar aula de inglês para aquele pessoal que pagava para ver, escrevia parágrafos inteiros: O tempo das palavras e dos motivos e dos ritmos muito pra cá de favoritos. Os telefonemas às duas, as saudades de Londres, o olho traindo, traindo pelos parques com a consciência dos que traem e depois racionalizam, racionalizam para aguentar os orgasmos nunca vindos. As palavras, os motivos, os ritmos e a biblioteca, os agonizantes do sol, as repetições, como eu me repito, como eu me repito, em acordes noviços. Cansei das entrevistas em que eu nunca figuro, das concordâncias desgastadas e dos complementos que sucedem a minha própria ideia de tempo. Fiz um ponto sim, nunca mais fiz oração nem vi televisão, mas antigamente chegavam cartas, eu ficava esperando as respostas (só certas respostas). um dia o peixe maior comeu o outro, um dia, qual foi mesmo o calendário sem vitórias, quem fechou a porta em cima de preposições supérfluas? Eu sei, mamãe, você não gosta nada desses estilos superpostos, e meu desejo de jabuticaba é mais forte ainda, o telefone despencou, tem também a incapacidade de fazer ponto, será a tal dificuldade em acabar, de que falou Hemingway (mas ele acabou, ele fez o gesto de acabar!) ou uma falta de ar intrínseca que não permite retomadas de fôlego bruscas ou repouso, anjos da guarda, óculos metassimbólicos? Não quero dizer nada além do presente que a criação não me nega, não tem a menor significação além das voltas que dá em torno das voltas que dá entorno das voltas que dá em torno, pra que uma enciclopédia, meu pai azul? Resolve-se o problema quando se começa ou se deixa de falar no problema? Que pergunta tão verdadeiramente clara, e tudo por causa de um ponto de interrogação. Como suprir o verbo suprir. Será ou não que devo usar o arrazoado com zê na tradução de Julius Caesar? Lá eles te chamavam de Caeser? me dá um choque daqueles, não escreva por superstição, conta aquela historinha do anão que enganava os — como foi mesmo que o doutor que não gosta de preto disse? — incautos, a ampola quebrou se alguém quiser fazer análise sintática às minhas custas, não diga que incautos era objeto, era um vocativo, vocativo aos que se deixam ler, sentam ao volante e dizem que não tem jeito, têm vontade de dormir com a criatura ao lado mas não têm coragem de se confessar pouco impessoais, fazem festinhas sem maconha de vez em quando e me levam por ruas arborizadas, uma volta de bicicleta, o inexplicável a serviço do Autor somente, do autor somente, nenhum anglicismo, Brahms na noite no trecho singular circular labirintos sabáticos, precipitações e estes plurais muito queridos que me abstraem ao máximo e constroem a única ereção triunfante de uma cabeça de voz chata: detesto o cheiro do creme, o gosto da azeitona perdida e a galinha fora de hora. Perdi as espinhas e os cachimbos, os suspiros, as iniciais, a verruga, minhas raízes. Nunca me analisem sintaticamente estes versos nem ponham a fusa do medo da morte nos jornais no meio de todo o touquismo aflito, chico buarque era muito interessante, eu mesmo ouvi naquele tempo de bolo de fubá e Copacabana. Hoje além. A lista graciosa. Até chegar o momento. Eu nunca inventei. A ampola dentro da minha mão soa acorde de Brahms. Quando a ampola se fecha em ampola chegamos ao começo da noite. Copacabana de sábado, de século. Meu lustre tremula lânguido, chama o velho pai híbrido de emoção latente, chama para a mesa, chama o vizinho, chama a prova do bolo do vizinho, chama a coalhada conta os copos esquece a carta no fundo das outras cartas que a gaveta não se abra nunca, chama. Se fecha sobre a ampola, chama conjuga alcovas, divinos, doentes, cruzes, pontes de cruzes, sopas sôfregas de cruzes, chama as cruzes as pontes prontas silogismos rimas sagradas coração de jesuses deusos bezerros debaixo do curral. Ouçam a palavra clássica. Encurralados de cima a baixo. As orações secularizadas viram espasmos gramaticais. Pifaram. Ninguém vê, ninguém vem hoje ao baile que ninguém vê. Homeopaticamente os cortinados se inserem: entrepulos, dores de parto, sem que os nascimentos valham muito os recomeços intrépidos dos tenham-dito.

tempos de alquimia

as andorinhas
bichos à toa
se engalfinham nos ares públicos
da terra natal
nos bares
os gatos lambem as alegorias
cúmplices partilham
o banquete futuro
das musas.

criação

A artista lava as mãos e senta à mesa posta. Toma do presunto sem cerimônia. Pega o presunto como o lábio de um homem desejado. Os dedos apalpam e a língua escala a gordura do presunto que é a carne lhe pertencendo, nova e boa virando sua. A artista lavou as mãos. A artista lava as mãos novamente na gordura do presunto. Olha os que comem com uma distância febril. A artista não come: possui. Não engole: se imiscui na textura vital. Já tarde a artista abre uma bula de vitaminas. Na bula indicações, precauções, apresentações nunca vistas. Na bula cápsulas contêm um fator intrínseco e potência estabelecida. A bula atrai a artista, a febre e fome noturna. Anemias megaloblásticas da gravidez. A artista se pergunta em que formas caberiam anemias megaloblásticas da gravidez. Toma casos rebeldes e estados de carência: a gravidez da artista? Os produtos têm números e vêm de Nova York: mas antes de constatar as fontes a artista volta ao seu instrumento. A bula atrai como relíquia de frascos, sinais de intolerância e perturbações hipocrômicas. A artista e a bula. A artista tem um certo senso de humor e lê, relê curiosidades, subtrai formas imprecisas. A mesa não está mais posta. A artista resolve iniciar uma coleção de bulas.

outubro 70

mecha branca

A despigmentação da tua palavra
me incita, me entristece

Acho que atrai alguma sombra minha
algum elo da nossa fraqueza

Essa despigmentação irregular
que nos atiça
é antes uma sombra recriada uma forma ainda de esperar

Quando não esperarmos mais — e nem ainda —
escondo a tua sombra *nesta* mão

O mais interessante deste poema é que completamente
compreensível. Uma metáfora claríssima. Uma bandeira
interessante. Saquei o que só "verdade interna"
da poesia. E acredito que esta poesia é "verdadeira"
internamente, tanto que
fiquei movido empiricamente
com a emoção da leitura

~~RECREIO Nº 2~~

~~Finjo que nada mais
termina. As linhas talvez não
se cruzem assim como organizaste-
te. Depois que
só a poucas associações~~

Le diable rouge

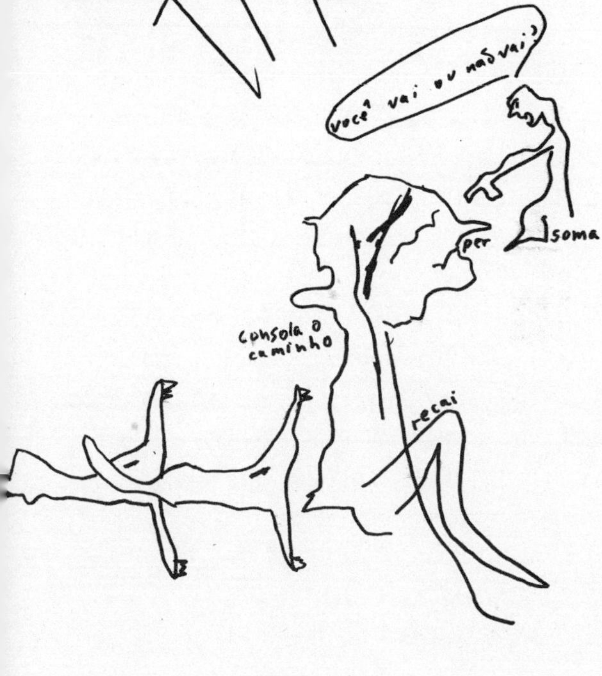

não há como me separar da triste cena
mas meu sonho é te propor pequenos deciframentos de uma
página — tarefa que cansa e recorda separações inevitáveis
(e vícios ocultos)*

* Nota da autora, à mão: "Incluir 4 quartetos" — é o título de um poema publicado em *Inéditos e dispersos*, como se estes versos fizessem parte daquele.

pequena perplexidade

alguma coisa me segura
o olho para que não desregule.
estranho princípio que se atém
aos meus órgãos vivos.

escala decrescente

escancara os membros, sente-se infiel, choraminga, confunde o sorriso, corre o risco. Depois fica tudo claríssimo e começa a falar uma língua est-ranh-a.

paisagem de subúrbio

A rádio tamoio tocava valsa em pingos pelo piano e as meninas choravam sobre os panos de renda. choravam tanto, ai quanta emoção neste quarto à meia-luz (uma frincha deixava passar sinal de um sol inteiro), mas era tristíssima essa escuridão que vinha entrando aos poucos pela saleta.

ocupação

o ato de escrever
ocupa metade da minha prosa e metade da minha vida.
mando um bilhete pra ele: vê se desocupa a
outra metade.

preocupação

bilhete não respondido: que ameaças
são essas?

desocupação

preciso sair da outra metade para ceder
lugar ao iminente ato de foder.

projeto para um romance de vulto

— Você se importaria de ler algo sórdido? Não, não é bem algo sórdido, pelo contrário, é uma página importante que testemunha a obsessão de registrar todos os pormenores de uma mente e todo o desenrolar da história do pensamento. Eu me curvo e me escondo ante o que escrevi ao me entregar totalmente a esta obsessão. E sinto inclusive o infeliz medo da tua leitura mas fico subitamente feliz porque percebo que deste medo posso fazer outros textos que tematizem o medo e depois falem do texto que escrevi para aplacar o medo e dos outros textos que escrevi para aplacar os primeiros textos.

F

PEQUENA FÁBULA

Uma disse para a outra:

-"Eu muito me orgulho da nossa relação tão madura. E o mais fantástico é que É uma relação tão causticamente madura que certos momentos me fizeram pensar tratar-se de um jogo de frivolidades. Mas vejo agora que é preciso elaborar também causticamente este jogo , como que descansando um pouco da cáustica maturidade que nos une."

Subitamente sentiram-se (ambas sentiram ; é este o fato curioso; pode-se dizer que "ambas sentiram simultaneamente" não por onisciência mas porque a situação o comprovou, o que nega a possibilidade de alucinação por parte de uma apenas, o que permitiria dizer com uma certa margem ilusória que na verdade tratava-se de alucinação de ambas:) levitar graciosamente e, saindo do solo, descrever no ar uma figura com esta forma

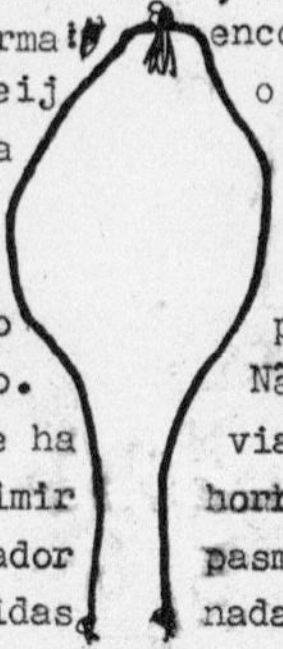

encontrarem-se no alto para um (também levitante) beijo de boca que lhes deveria parecer sórdido, ainda mais que havia uma candelabro italiano a poucos pés de suas cabeças e estavam vestidas rósea e candidamente para o baile, sendo que embaixo passavam cavaleiros, pares risonhos, ruídos de salão. Não tardou que baixassem da mesma forma que haviam subido, e, pelo olhar mútuo, não pareciam exprimir horror ante o sórdido, mas profundo e aterrador pasmo, pois que pela primeira vez em suas vidas nada mais compreendiam.

Mas Finalmente uma delas exclamou:

-"Se você não me quer, vou me abandonar ao sub-mundo, desistir de todos os sonhos e ao mesmo tempo persegui-los a todos, agora sim, num pasmo permanente, que seja alimentado pelo horror frente à desta traição que fiz a maturidade que cultivávamos. Diga que parti.

Ao que a outra ?

pequena fábula

Uma disse para a outra:

— "Eu muito me orgulho da maturidade da nossa relação. É uma relação tão causticamente madura que certos momentos me fizeram pensar tratar-se de um jogo de frivolidades. Mas vejo agora que é preciso elaborar também causticamente este jogo, como que descansando um pouco da cáustica maturidade que nos une."

Subitamente sentiram-se (*ambas* sentiram; é este o fato curioso; pode-se dizer que "*ambas* sentiram *simultaneamente*" não por onisciência mas porque a situação o comprovou, o que nega a possibilidade de alucinação por parte de uma apenas, o que permitiria dizer com uma certa margem ilusória que na verdade tratava-se de alucinação de ambas:) levitar graciosamente e, saindo do solo, descrever no ar uma figura com esta forma: encontraram-se no alto para um (também levitante) beijo de boca que lhes deveria parecer sórdido, ainda mais que havia um candelabro italiano a poucos pés de suas cabeças e estavam vestidas rósea e candidamente para o baile, sendo que embaixo passavam cavaleiros, pares risonhos, ruídos de salão. Não tardou que baixassem da mesma forma que haviam subido, e, pelo olhar mútuo, não pareciam exprimir horror ante o sórdido, mas profundo e aterrador pasmo, pois que pela primeira vez em suas vidas nada mais compreendiam.

Mas finalmente uma delas exclamou:

— "Se você não me quer, vou me abandonar ao submundo, desistir de todos os sonhos e ao mesmo tempo persegui-los a todos, agora sim, num pasmo permanente, frente a que seja alimentado pelo horror desta traição que fiz à maturidade que cultivávamos. Diga que parti."

Ao que a outra?

17.5.74

O poema e a água

As vozes líquidas do poema
convidam ao crime
ao revólver.

Falam por mim de ilhas
que mesmo os sonhos
não alcançam.

O livro aberto nos joelhos
o vento nos cabelos
olho o mar.

Os acontecimentos de água
põem-se a se repetir
na memória.

João Cabral de Melo Neto

o poema e a trégua

As vozes lentas do poema
convidam ao exercício
da magia.

Falam do completo
esquecimento a palavra
esquecida de si mesma

O livro escapando para
as águas o vento a inócua
transparência

Repetem de memória   cantos   ilhas
anti
antilira destruída

le ballet de l'opéra à rio

dos bastidores perde-se a ilusão do
transe. mas hoje eu queria escrever do meio de luzes que
só a plateia visse.
desejava um palco puro, pura
perspectiva de plateia. desejava
escrever com violência para consolar-te: a violência
com que (imaginamos)
os bailarinos fetichizados se erguem
em êxtase
em transfiguração

drummondiana

Mãe se escreve com M maiúsculo
máscula forma de perder

a mulher já dada e tida e viva apesar
de mim apenas por querer

a leitura amarga dessa letra
projeto ressentido de viver

como escrevê-la se existir não cabe
na culpada dúvida do ser?

mímesis

quando esqueço
as grandes assombrações
e beijo teu regaço escuro, tua pequena
pele surpreendente
temo que o meu rosto se desfigure e volte
a imitar
os mistérios da noite e a trágica história do
malabarista

manhã na sala de visitas

Estou consolada. Mas ainda não consegui me livrar do hábito. Registro todos os atos com exatidão. Escrevo nas crateras. Mina entrou porta adentro saracoteante como nunca. Me limitei a descansar os olhos no seu gesto surrado. De manhã anoto em vermelho em vermelho em vermelho. Só me desafogo com a chegada de Dunga. As chegadas de Dunga são de uma beleza extenuante. Mina entrou e saiu várias vezes inquieta. Mina é um centurião atarantado. Mina vigia os olhares trocados entre nós que sobramos. Já por cima do seu ombro vejo Dunga dedilhar as canetas. Meus pelos se arrepiam entre as canetas. Mina se distrai por mentiras de segundos. Dunga passa bobo pelas minhas costas. Mina fica a virar as pupilas palidamente. Retiro meus dedos do teclado. Dunga rabisca um som ardiloso sobre branco. Levanto sem quebrar o protocolo. Mina traz o leite térmico num pedaço preto de espaço. Do meio dos olhos dele estou térmica e vermelha e menor ainda que entre os seus dedos. Nenhum dos dois sabe como cobrir a minha boca. Dunga é uma serpente brilhante de bocados. Namoro o embaraço comestível no piano. Mina se acalenta sem querer. Adormeço agarrando o mindinho escuso e morno da serpente.

sequência de versões de "fragmentos"

vasculho uma bolsa velha como quem revira um túmulo.
e na curta efusão de palavras (no medo que
disseste, na aventura tímida de registrar a indevida fenda)
tanto posso achar o ardil
como essência como o botão de plástico. Persigo
então o achamento sem ousar
desistir da fluência,
de todos os truques para estar-me
e da bruta castidade que me aflige.

Escrevo a covardia com saudade
(me reconheciam em versos naquele tempo)
porque talvez qualquer coisa tua me lembre
a mãe que era difícil percorrer
naquele tempo.

Compreendo também por que acredito, preservo, imito
as mesmas formas da pureza recusada:
nela reside a dúvida da sombra
e ainda a pele que refaço.

10.9.74

fragmentos

efusão de palavras
aventura de registrar a fenda
desistir da fluência
de todos os truques
da bruta castidade.

(me reconheciam em versos naquele tempo)
qualquer coisa tua me lembra
a mãe difícil percorrer
naquele tempo

as mesmas formas da pureza recusada:
a dúvida
a pele que refaço

fragmento 2

curta efusão de palavras
aventura tímida de registrar a fenda
desistir da fluência
de todos os truques
da bruta castidade que me aflige
    (me reconheciam em versos naquele tempo)
porque talvez qualquer coisa tua me lembre
a mãe que era difícil percorrer
naquele tempo
preservar
as mesmas formas da pureza recusada —
nela reside a dúvida
a pele que refaço

fragmento 3

efusão de palavras
aventura de registrar a fenda
desistir da fluência
todos os truques
bruta castidade
    (me reconheciam em versos naquele tempo)
qualquer coisa tua me lembra
a mãe difícil percorrer
naquele tempo
as outras formas
pureza recusada
a dúvida a pele
que refaço

fragmento 4

efusão de palavra
aventura
bruta castidade
                    (me reconheciam)
lembrar a mãe
percorrer
          aquele tempo (em versos)

fragmento 5

efusão
aventura
            bruta
(reconhecer)
a mãe
      difícil
            tempo

fragmento 6

aventura
bruta
(em versos)

Em outros termos, vislumbro alucinada a morbidez deste barato. Logo eu que amo os transatlânticos, as viaturas pesadas, o transporte visível da malícia. As contradições. O nonsense perfilado. Logo eu que abocanho fantasmas como quem mastiga uma iguaria. Olho de longe o paquete, mas como? se é escuro e não basta aguçar a vista para ver e contentar-se. Estou encostada no lampião da rua nonchalante e lúbrica. Atmosfera marítima, paralelepípedos, nada de pesadelos, ou será que o professorzinho passou na outra dobra com o seu guarda-chuva? Era um cogumelo. Era um guardanapo. São as pernas andróginas de Orlando. Mas sempre do outro lado. Logo eu que biograficamente me converti numa saudade de pedra. "Chora, faz-te bem chorar, amor." Ora direis: os nexos estão partidos, mas então e esse cheiro de fumaça e óleo sobre as águas? Meus saltos estão tocando o chão sem se moverem. Sem se morrerem estou sorrindo da harmonia e dos segredos. O professorzinho me comoveu a mão entre as coxas escuras que em mim carnalidade e falas impossíveis. Estou mais que comovida. Apalpo minhas roupas com intimidade de adúltera: traindo as experiências diurnas que a minha mesma boca proferiu. Estou nesta esquina onde os encontros se fazem no silêncio. Mas ninguém mais passa: há o perigo de não ver nem contentar-me; invisível e imóvel o cargueiro refaz minha figura. Meus hábitos aguardam a partida: a expulsão do cais.

sinal do recreio

costuramos juntos
toda a noite
e agora
este desaponto inglês
solfejo: ah ah ah
ah minha professora ex que amei
guardei o beijo
dei volta à chave
molhei a voz
ah meu coração vagabundo, vagabundo
não sei se acerto outra
se abro a bica
ou fecho o gás
ah ha ha
a mucosa ao pé do peito ri
da pulga atrás ah
meus anos brancos
na tua saia azul
me leva, mãe
me embala no teu quadro
e no teu giz

bar central

Na falta do leite que me deixa à míngua
nem a cerveja do Raul,
materno.
Escrevo até arder a boca, depois
saio, espio os cachorros distraídos no passeio,
sinto horrores variados.
À noite escapo pelas letras dos
anúncios, faço propagandas de calcinhas,
me deito com o funcionário
dos correios.
De madrugada vem o último garçom
com a razão da sede nos músculos;
estranho o ritmo dos versos,
minha pança chora, chora,
ainda não saí.
O garçom não serve mais pra minha fome; me
deito é fora, enroscada nos três gargalos da esquina.

páginas impublicáveis

de A.C pro A.C.

Ela chegou em casa e escreveu a história.

Amigos há anos. Amizade intelectual, altos e baixos distanciados. Ela fez durante um tempo fantasias eróticas que terminavam sempre: Nunca será meu homem, nunca serei sua mulher. Às vezes as fantasias cresciam. Ela dava um jeito de apagar o fogo. Ele irônico e bem-humorado. Conversavam. Ela nunca completamente à vontade, tinha de fazer figura. Para de me olhar com esse ar de deboche. Uai, minha cara é assim mesmo. Ela estava de pé, folheando livros, comentando os ensaios do dia. Ombros meio duros, meio levantados, meio caídos. Na presença dele não sentia bem seu corpo feminino. Ele veio desapercebido e segurou nela, passou as mãos em volta dela.

Tão mais baixo do que eu, ela pensou primeiro. Depois lembrou: nunca serei, nunca será. Mas primeiro mesmo foi um encolhimento, uma falta de jeito, torceu os ombros pra frente, recusou tão sem jeito. Só então pensou, lembrou, e as palavras vieram fáceis. Ela conhecia palavras e explicava o movimento dos ossos, seus terrores. Ele também se conhecia e soube ouvir com aquele mesmo sorriso. Para de me olhar,

Mas dessa vez ela se assustou consigo mesma. O braço dele veio de novo; ela se dobrou, a boca abriu boba de riso bobo sem controle, eu sei que a minha boca abre boba, as paredes voam, bobas. O braço dele não insiste, ela não pode sequer perceber essa ternura, e sabe. Ia saindo e sua imaginação literatizava: saio daqui e pego o primeiro que buzinar na rua. Dois buzinaram. Ela já conhecia o engodo. Tremeu diante da Casa da Banha noturna

luz neón

e o corpo dele, como era possível? Em casa havia a família adormecida, a dor nos olhos, o calmante que vende sem receita. Fez cocô demais, demais por hoje, lá até peidei alto e ele ouviu e não houve nada; parecia até irmão. No cocô pensava amanhã escrevo isso, conto tudo, não posso conceber essa ternura. Não posso conceber de uma vez só, amanhã escrevo tudo sem ritmo nem censura, aí solto meus ombros como não soltei com ele lá. Não resistiu e escreveu imediatamente. Só não disse nem quis saber mais dessa

luz neón

sorriso de ternura lá dele,

vê se não me olha assim, patusco

ameno amargo

Nós do mesmo sexo não
fabricamos delícias:
coçamos amenidades,
a tensão dos ângulos
distantes.
Com muitos dedos
puxamos as cortinas para trás.
Os sonhos não circulam.
O jogo está suspenso por decreto.

Tudo que poderia ter sido e nunca foi.
As cartas anônimas que não chegaram.
As madrugadas de Santa Tereza.
Punhetas.
A motocicleta furiosa,
o romance realista, imenso, impossível.
A paixão.
Ler apaixonadamente.
Ter medo.
Conferir os tipos caligráficos.
Procurar na lista telefônica o nº irreal.
Varal.
Sinos sinas hábitos varados fica decretado de hoje em diante
o início paraoficial do gran-festival solitário do
anonimato.

lendo Ferlinghetti não penso
em Nova York no verão
mas nos cheiros de pessoas que não suspeitam
que tem cheiros

e em mim de volta
tentando decifrar saudades,
ficções do Humaitá
lendo Ferlinghetti não penso
nos amantes cobertos pela árvore
resistindo e rasgando-se de novo
penso sim

24 de maio de 1976

Discussão na mesa do jantar. Assunto, o vazamento que molhou o corredor. Mamãe acha que papai é um mole. Papai pergunta por que ela mesma não vai tratar do assunto. Não dizem tudo o que pensam. Mamãe mandou atapetar quando papai viajava, surpresa. Há silêncio, curiosidade de saber o desenlace. Mamãe diz que projetou o filme para mais duas turmas. Papai diz que queria tanto tocar órgão, ensaia, dedilha no ar. Pergunta de mamãe se ele já terminou o trabalho da Bloch? Ânimos serenados pela tática de mútuos redesvios. Depois do jantar os homens descolam o tapete com ferramentas. Todos participam do alagamento. Escrevo in loco, sem literatura. Hoje li nos avulsos de Machado: regras para andar de bonds. Muita atenção a escarros, cuspes, catarros e perdigotos.

25 de maio de 1976

Falta em Machado a menção a peidos. Peido incessantemente. Peidos presos oprimem. Dia cheio. Tempestade violenta de manhã. Helô também tem medo, me disse à parte. Deu frio misterioso na barriga quando estudava, alegoria, símbolo. Já posso estudar se ajudam. Mas se chove muito imagino catástrofes. Penso na literatura que vivemos estudando. Será possível escrever com toda Consciência? Símbolo, alegoria, ou o que for? Helô também tem medo de avião? Queria casar. Casamento é que é bom. Derramo café na calça branca, lavo longamente pra me distrair. Histórias de desquites. Gases, medos. Me esparramei como garotinha no sofá, barriga pra baixo e pernas pra cima.

~~Identificar o escritor a um produtor~~

Composição no cartão postal

San Carlos de Bariloche, 17 de feve

~~Enrolada aqui no escuro sinto uma falta danada da freirinha da Outra Noite no Meio-Fio. Aqui só digo a verdade. Deveras. Digo por exemplo que minha bexiga pesa.~~ ~~Já~~ Conheci ~~uma~~ certa vez ~~uma~~ numa pessoa que se raspava todo santo banho. Ela criou um estilo muito pessoal. Gosto ~~muito~~ muito de das atrizes canastronas e ~~das~~ das palavras difíceis: ~~labirinto,~~ labirino, dançarante, cel. A ponto de acordar no meio e sentir ~~uma~~ falta danada delas. Aí mais tarde faço que faço ~~essas coisas todas~~ que sinto falta. ~~Em San Carlos de Bariloche~~ Aqui tem um lago tremendo, frio, fino: eu te mandarei pra sempre tarjetas postales do corazón do lago, dizendo te amo, pois não, deixa estar camarão, pienso en ti, arreda capeta, essas coisas que sinto falta. Se a gente fôr num restaurante - não, lá eu vejo no menu e peço. Você quer que eu te leia mais um pedacinho? Lá eu vejo, agora não tenho fome mais não. ~~Tem uma aranha na minha cama.~~

composição no cartão-postal

1. Conheci certa vez uma pessoa que se raspava todo santo banho. Ela criou um estilo muito pessoal. 2. Gosto muito das atrizes canastronas e das palavras difíceis: labirino, dançarante, cel. A ponto de acordar no meio e sentir falta danada delas. 3. Aqui tem um lago tremendo, frio, fino: eu te mandarei pra sempre tarjetas postales do corazón do lago, dizendo te amo, pois não, deixa estar camarão, pienso en ti, arreda capeta, essas coisas que sinto falta. 4. Se a gente for num restaurante — não, lá eu vejo no menu e peço. Você quer que eu te leia mais um pedacinho? Lá eu vejo, agora não tenho fome mais não.

13 de setembro de 1977

Voltar a escrever enfrentar o fantasma do gênio outra vez. Sonhar que é uma falsa grávida. Dia do parto hora de cagar, não aguento mais de vontade. O pescoço lateja e dá enjoo. "Estrutura histérica", grita a fada madrinha. Tonta de pescoço, pedaços apavorantes nos quartos: mortos, duplos, monstros, mãos. Batmacumba. O lado do terror do tropicalismo. Terno, térmico, terror-tropicalismo. Meus pedaços trabalham detachados, olho pra mão, pra letra, pra perna, pros dentes escovados.

Vai agora encontrar com os meninos? Vou. Todos no chão, escornados. É, a essa altura devem estar desbundados. Eles dormem lá dentro, tudo embolado?

Dormem. E sai suruba? Não. Também não dava, com irmão no meio. É. Você já participou de alguma? O quê? De alguma suruba? Festinha? Não só festinha, mais de dois. Ah, mais de dois? Isso me faz lembrar uma história. Foi no Ceará, eu e eles fomos a um bordel, uma vez, depois de farrear bastante. Eles quem? Eles, os engenheiros. Era viagem de inspeção. Você não sabe disso? Aí a gente foi pro bordel. Chegamos lá foi todo mundo pro mesmo quarto. Aí eu resolvi não tirar a roupa, não fazer nada. Eu era bem mais moço que eles, tinha ascendido na empresa depressa e estava com a puta mais bonita. Não era bonita, mas também não estava tão ruim como as outras. Mas era sem dente da frente, e tal. Eu me lembro que teve um clima meio triste assim entre eu e ela, uma afeição. Os engenheiros, um deles olhou pra gente abraçado e disse: "Como é bela a juventude". Eu senti que eles estavam esperando alguma coisa de nós, os jovens. Mas eu saí, eu não queria constranger ninguém, nem me forçar. Eu saí, fui embora. Não sei nem por que me lembrei dessa história. Foi em Sobral. Você conhece Sobral? Conheço. É? E o que você achou? Eu viajei pelo Ceará. Fazendo o quê? Matéria pra jornal. Nem sei o que achei. Eu andava muito pinel naquela época. Mas eu gostei de uma montanha, floresta, um convento no meio, as freiras nos receberam. Ah é, existe mesmo. Eu andava pinel por causa de uma figura. É, mas é bom. Eu sempre acho que vale a pena. O quê? Se apaixonar. Mas agora eu não sei se existe. Escuta, você transa homem? Transo. Eu soube outro dia e caí das nuvens. As pessoas comentam assim, é? É. Que merda. Têm logo que classificar. Olha, eu acho que não dá pra conciliar. Sabe o que que eu acho? Que a gente complica muito. Esse pessoal que transa todas nem pensa em conciliar ou não. Eles transam o que for. Não é assim, as cartas estão marcadas! Você está com nostalgia de uma inocência perdida! Mas a gente antecipa mais do que vive. Você não se chateia se eu disser uma coisa? Você fala demais. Desculpe. A gente fala demais. Eu pensava em mim como alguém liberado. Outro dia eu estava olhando uma paisagem. Pela primeira vez reparei que estava olhando sem pensar em nada. Você fala demais. É. É. Pra que explicar que olhando a paisagem você reparou que. Esforço de reportagem. Isso me faz lembrar uma história quando eu tinha 14 anos*

* Nota da autora, à mão: *O nome não deve aparecer no fim: a suspensão existe e o nome não deve cortar a falta de fim da reportagem.*

mandriagem

sem tir-te nem guar-te*
descubro no dicionário a avidez
da minha língua atenta
às formigas; hirta agora;
agora solta contra a
tua, imaginando que
sons negros estaria
talvez a fabricar
a superfície do teu lenho;
procuro o tronco, a arte
de provocar lentamente
vidinhas, porosidades
sugando a página; o acaso
constrange meu abraço;
produz cópias, leituras,
corrimentos de matéria escrita;
procuro uma forma
cindida, a robusta
madeira da tua espécie;
introduzo no mastro
indícios da minha origem; os distantes
tetos portugueses, portos,
oliveiras decifradas pelo
ócio; como a folhear
pelo caminho a riqueza

---

* "sem tir-te nem guar-te", expressão encontrada na obra de Guimarães Rosa. Segundo o *Léxico de Guimarães Rosa*, organizado por Nilce Sant'Anna Martins (São Paulo: Fapesp/ Edusp, 2001), significa "sem aviso, de repente", referindo-se a uma ameaça súbita. "Tir-te" é apócope de "tira-te", do que se deduz que "guar-te" poderia derivar de "guarda-te".

vadia dos vocábulos; em
listas, em camadas, em inesperadas
posições que meu lado pensante
fascina; desistir no intervalo
a dura carpintaria e
abordar estreitamente a
fluidez de outro carlos; as mãos
indolentes já esquecem
marcas, calos, pequenas
alusões internas, agora riscos
que a cigana lê,
distraída, inseticida,
mística vagabunda, os cultos
todos da infância; sair
de trás das saias, dançar
em sedução para
comover teu fogo
retido antes em sílabas,
em colunas de palha, em
calculadas coreografias;
me sinto cegamente
onipotente, hoje posso
(escrever) tudo, me lambuzo
de escrever, escrevo
peixes, imitação de
peixes, cobra aquática
recolhendo no seu trânsito
a insuficiência, o garbo
e o dorso (altivo) dessa
voz, embarco com gula,
pressa de engolir o engano;
estômago errante, outros
bichos; vadear

o rio acima ou abaixo
da coragem; e pôr fim
à desejada (meu pai, minha
mãe) faina original
com um movimento fortuito;
um acidente me corta a
boca; salivo aos
trancos o acarminado acarneirado
alfabeto irregular
preso entre os teus
flancos

o livro

O enredo deste conto é um esquema simples e linear como um verdadeiro enredo. A diferença está em que tal esquema se trai apenas no chicote do seu feitor. Dói menos um resto de enredo, os pensamentos do enredo, ou o enredo apenas se pensando. Ao que cumpre seguir com uma certa decepção, certo horror ao diluído. Para travar de vez em palavra e meia o signo completo de todo o conto.*

---

* Notas da autora, à mão: *niilista, vazio, arbitrário, não diz nada, um certo mau gosto, cacoete, "literário", música ao longe derretida, imagética bilu--bilu.*

I

Você vinha

um bicho celeste

pedaço intocável de unha e das matérias de nossas viagens. Partimos. Partiram-se sobre os baús, os canteiros, os formatos do corpo. Não posso me deixar de estar para sempre escrevendo para ti. Para essa inexistência dolorosa. Meus gritos deviam rolar sobre seixos que existissem. Sobre personagens que existissem. Há dias que não consigo ver mais ninguém. Eu sei que estão todos me vendo. Tem muitos que até esperam de mim, me esperam, homens e mulheres me desejam mesmo sem saber. Eu invento tudo, absoluta. Me tranco e começo inventando. Faço gestos bonitos que começo a amar, tento disfarçar minha biografia nas linhas do quarto. Me lembro de tudo, dos detalhes mais terríveis. Chegam homens e mulheres e fazem que se esquecem, me falam genialidades, eu não vejo, não consigo mais desenhar teu corpo obsoleto, e fico repetindo "teu corpo" num transe (que eu nunca toquei num transe em vários relatos em cima de várias testemunhas aguardando de pé ou me desejando, não sei, esqueço certos aspectos). Engraçado que não estou mais vendo. Eu sei disso porque minha visão já foi toda colorida de paixão. Barcos entrando no caos etc. etc. No verão só é possível contar o cotidiano. Segura aqui este livrinho. Existem coisas belas, você sabe? escadas, sacadas, alamedas, a menina que se afogou no lago, a tão citada realeza, as ervinhas, os fenômenos celestes. Me admira tanto esse solfejo meio desesperado. Moderato cantabile. Não consigo ver mais isso. Estavam tremendo, tiritando, abrindo a boca de sono. Lá fora estão todos me esperando. Você, por exemplo, tem a mania de querer me ler em toda a parte, ler a identidade dos corações, ler quem eu nunca toquei, ler tormentos. Você não vê que eu não consigo, eu invento tudo, é meu olho que me atormenta, é outra coisa. Eu não estou disfarçando nada, você compreende? É você que disfarça o tempo todo, parte, se parte, se partem com ambivalências depois de remexer nas molduras vazias (e lâmpadas queimadas no meio de tijolos). Se olham pouquíssimo. Não, isto é um engano — se olham muitíssimo, dançam a última valsa, fazem episódios incompletos. Primam pelo incompleto. Até a cobertura dos canos e a matéria isolante. Nada deveria chegar até as beiradas, cobrir os contornos, cobrir os umbigos ("teu corpo") e as ratoeiras. Na manhã seguinte retiram toda a água com as mãos lado a lado. Está aparecendo um céu diferente (só pelos minutos em que "teu corpo" distrair as nuvens). Minuciosamente. Hoje não chegam notícias. A música (ainda é a mesma) mesmo assim à espera dos convidados.

Recebo a inesperada visita das tuas garras com um sorriso. Sei sorrir. Sorrir sem infâmia, pretendendo apenas dizer que espero. Falar das tuas garras pode ser um trabalho a que eu me dedique horas a fio. Falar delas é uma modalidade do meu sorrir. Recebê-las sem amparo. Admito no centro da mesa a estatueta da paixão: rapina áspera. Falseio os movimentos (em direção ao centro?). Admito a letra imparcial cobrindo um corpo inteiro. De manhã acordo no quartinho, os sonhos comeram metade da face. Retorno de barriga para cima das memórias. Não são mais as memórias que produzem dor, espasmos, reações químicas fatais. Os cenários. A luz no palco. As cortinas. A tua corrida seca (em direção às garras?). Não há mais lugar para confundir tuas porções com as minhas, ou para desconhecer os nomes. Festejemos com uma história:

II

Havia um prêmio — todas as cores superpostas, caixinhas e soldados brancos — do outro lado da sala. "Não adianta nada", citava de memória, acordes de memória premiada, ciganos, cítaras, árabes obscuros, suportar as vilelas e vielas do espírito.

No largo tapete aquecido. Peles contra os avisos do dia. Desmentiram-se com os olhos e as pétalas e as pontas rubras dos dedos. As mãos se moveram diante da porta onde começava outro relato.

Curvou-se sobre a areia e perdeu as contas da despedida. Esquecia-se de reparar nas citações, que era preciso aguardar com silêncio, sofrer se fosse possível.

A escada, indicou. O chão era lento e estendia as palhas e a flutuante cobertura de lona. Me lembro um dia me levantei bruscamente do solo, antes de qualquer madrugada. Me procurava, dei-lhe o cabelo e as unhas, me afagava entre palmeiras. Não sabia onde me reconheceria. Não conseguia introduzir outras sombras. Todas as noites era preciso esquecer, repassar as citações e acumular com paciência e ter certeza que nada valia tão a pena. Na fresta de cima via todos os enganos, todas as tentativas de ser fiel ao real, retalhos concretos de insetos.

Reteve o movimento dos dois corpos e rolou inteira sobre a impossibilidade do enredo.

Todo dia à mesma hora repetia-se a mesma troca de palavra. Insistia em buscar o recanto avermelhado que a confundia, insistia em negar a família, sentava nos degraus e amparava-lhe os joelhos. Uma noite nos buscaram para serenata na grama movente que descia até a praia. Deus não era chamado. Era preciso reter apenas a purgação do fantástico. Ser tão ou mais concreta, inventar tantos ou mais personagens, mesmo num conto tão restrito já começavam a sufocar-se por ausência.

Naquela noite não ousou tocar em ausência. Sabia que o manuscrito ficaria oculto longo tempo. Nunca se haviam falado? Ninguém conhecia o segredo de inventar à boca do túmulo, seguir as formigas, ouvir um ritmo desconhecido. Às vezes as palavras subiam rápidas. Às vezes estavam com engasgos de paixão e rodavam no espaço para que se acreditasse na angústia.

No meio do trajeto não havia como voltar. Explicações sucintas dadas aos seres reais: eu não sinto. Eu invento. [Como explicar-lhes que inventar fugia tanto de estar sentindo, que quanto mais inventava, obcecada dentro do escuro, menos sentia, menos conferia com eles o que inventava. Os seres reais se viam como que refletidos. Para eles inventar era apenas um pretexto para dizer. Até sua cabeça oca porfiava no escuro para escolher os objetos mais impossíveis e concretos. Ela mesma se traía na escuridão e ao outro corpo adormecido.]* Chegavam os convivas, e como num sonho dirigido, afastava as imagens de terror. Ainda se traía embora quisesse apagar as marcas de terra da língua. Porque desesperava que viver só fosse possível na construção dos ressumantes impossíveis.

Naquele tempo tudo eram campos e animais soltos e estalagens raras entre as árvores.

Em breve. Em breve, soluçou. Mas rompia os laços aveludados que a cobriam, os pequenos detalhes de estanho, os paninhos verdes nas extremidades, o difícil jogo de eliminar as paredes uma a uma. Esquecia lentamente o espaço. Esquecia que sentara no muro e escrevera cartas, vendo passar as andorinhas.

Sonhou que descia num grande ônibus veloz pelas curvas da estrada até o litoral. A subida era destruída e havia ossadas e terra revirada em toda a extensão. Perfume que lembrava outro como de passagem. No alto achou refúgio em pedras que fechavam um poço nos quatro lados. A água outra vez. Pluvial e transparente. Beijou os musgos e se pôs de joelhos sobre a cama.

---

* Nota da autora, à mão: *muito romântico! tirar!*

De repente abriram a porta, era a mulher que lhe estava ocultando as armas. Ambas ocultavam e desconheciam as armas. Não pronunciaram suficientemente firmes. Não era como antes. Eu poderia também abrir a porta e deixar entrar o exército, virar a noite vasculhando entre os uniformes e os corpos feridos. Não estávamos feridos. Um corpo inteiriço do outro lado. Sentia-se secar de vez sem o hálito dos campos. O peso dos arquivos nas vértebras. Dava gritos: outra outra outra ainda. O amor era um líquido verde escorrendo pelas colunas. Torturava-se trancada numa sala espessa presa a um tabuleiro triangular onde mexia peças. Regra do jogo: movimentar as peças de forma que esquecesse toda relação com outros jogos. Regra consciente sobre as almofadas da alcova. E os príncipes que nunca chegavam. Um dia tremeu frente à tábua triangular do seu jogo. Evitou qualquer visão por noites seguidas. Nas horas de silêncio caminhava em diagonal num ritual de imitação. Quando voltou a sentar-se ao tabuleiro encontrou um movimento único, fechado num só cômodo, onde duas peças impenetráveis se esgueiravam pelos ângulos. Era preciso limpar todas as outras peças, atirá-las na irrelevância do real. Houve momentos conjuntos, uma noite sem combinar se acercaram das peças abandonadas e fizeram carícias e se esqueceram. Novamente as pernas soltas nas tapeçarias. Ovulavam inultimente nos retiros, à espera. Havia ainda uma outra presença que não se ousava reproduzir no tabuleiro. Eu ainda acreditava que somente o esquecimento total.

Chamavam-se, e por mais de uma vez se confundiram com peças de madeira.

III

Alçar voo sobre as respostas guardadas. Deslizar de alegria nos cortes que o teu silêncio impôs. Impor-se a trama romântica da noite.

Todas as manhãs travar o mesmo duelo, as mesmas cabeças rolando prontas para morrer, o travo arguto do medo. O céu se reabrir sem nenhum apelo à verdade roubada. Regar novamente os quatro cantos na boca porque cumpria sair e como sujos dar passeios à revelia. Os regalos que sonhei. Os pelos que possuí. "Cada vez perdendo mais a cor": a voz borbulhante do quarto recôncavo.

Para que nascessem entre meus panos todas as figuras e pronomes e séquitos de exteriores e interiores decorados e que eu amarrasse a realidade toda nas minhas ataduras. Tentariam a velocidade e certos prazeres bucólicos, certas cerimônias que só os vales desvendam. O gurgoreio das águas semelhantes. Negar que a libertação estivesse no primeiro adeus. Ocorriam sempre pequenas reviravoltas para as sequências prontas. Como cambalhotas de botos cinzentos. Não poderiam vigiar a alternância do planeta. Os hábitos sedentários. Não precisarei estar só se cumprir as exigências das campinas. Já subentendiam as aspas, como num monólogo. Identificavam exatamente o significado dos pequenos desvios faciais; sentiam os espinhaços em aproximação. Um dia se despiram para o sol e foram completamente felizes. Havia que deixar o corpo a descoberto entre as pedras. Suscitar o carinho dos antigos. Mesmo se chovesse a umidade só teria a molhar os mínimos cantos do lábio. Que reverberavam no convívio das ruas, no passar apressado das velhas avós enterradas. Outra hipótese, talvez não houvesse o que esperar, sabendo que os trajetos são irreconhecíveis. Que as próprias palavras se transformam de minuto a minuto. Eu amei as tuas calçadas, a recuperação compenetrada do que havias destruído na véspera. Que zelo inútil nos unia, que arrependimento te fazia retornar sobre os cacos. Talvez não houvesse que esperar coisa alguma, e por isso algumas vezes ensaiaram partidas nos umbrais. Para que sorrissem de outras visões.

Marcas desabitadas nas cercanias.

Fizeram as malas para partir. Também desconhecendo os sete cavaleiros que haveriam de nos guardar das setas noturnas. Como se lhes escapasse a obrigatoriedade de dobrar as esquinas. Rompia os passos e desatava ao vento num meio círculo interrompido pela queda. Poderia se jogar contra as paredes para ressuscitar o esforço de pôr-se de pé novamente e novamente atirar-se de quatro contra os muros. Como quando erguera amarga a fala que devia dispensar aos seres fictícios. Para consolá-los sem eloquência. Ou para reaver até o fim os seus contornos.

IV

Repensou toda a história das suas ameaças; como ouvira por tanto tempo e sem resposta, escapando à noite para os prados. Vinham todos os pequenos seres do campo para fazê-la girar distraída com guizos no pulso, roubar a totalidade das visões. Via bruscamente uma praia inteira, brilhante, despedindo-se da realidade entre papiros. Era quando andava por muito tempo nos aposentos fechados para os dias. Inventava substituições pelos corredores, esquecia tudo para enxergar apenas uma única marca nos anteparos do labirinto, tornava a se lembrar, continuava rodando sua marcha inútil nos tapetes. Exercícios nas esquinas escuras dos cômodos. Descidas que lhe furtavam a solidez da palma dos pés. Fazia silêncio novamente. Não estavam respondendo. Ao abrir portas sem muita certeza encontrava grandes conglomerados. Para não realizar gesto algum de lealdade fingia que descerrava as janelas de vez em quando. Não era fácil recordar com toda clareza as ameaças e a afronta oculta no sangue. Antes começasse a amar o abandono. Ou a viagem. Outro modo de rebentar sobre calcário. Rearticular as camadas ósseas, os pobres monturos do que havia cuspido. Os sujeitos estalavam atrás das cortinas. Não estava mais falando com ninguém. Seu tempo partido em outras infâncias; outros seios; outras noites. Quem me revelaria que estávamos a sós. Achar também graça que velhas estúpidas espreitassem ao pé da escada. À morte novamente, como nas antigas tardes em que não queria inventar coisa alguma. Para possuí-la, preenchê-la, soltar-se com garbo nas galeras.

V

Os cachorros estão no cio nas inesperadas esquinas. De dentro o silêncio de ser noite. Há apenas um quadro, retrato fiel, um cenário que recorta a janela por inteiro. É mais fácil depois de ter desembarcado tantas vezes. Os cavaleiros que brincam nas nossas ancas, os galináceos e os hábitos da estação mais fria.
Ali onde os corações traídos. Te rasgo em recitações arquitetu-rais. Troco-te, trocam-se como nas mentiras, nas estadias breves em que se isolavam os objetos do quarto nas pontas amadurecidas do desejo. A mesa posta retangularmente, o pátio cercado do muro de pedra, exatamente como nos cenários anteriores. Quero fazer crer que é tardíssimo, ou qualquer outra urgência que te acarinhe para longe, que bana da minha testa o contato com o que houver de mais antigo. As ninfas desconhecem o peso dos tijolos e a textura das arquibancadas e se deitam sem importância. Por não terem visto demoras que entrassem pela carne, por não terem visto amantes que calassem tudo por cem noites de perdão. A medida do tempo se realiza entre pontos ocultos, nos risos interrompidos. Enfim nos contamos o cotidiano, e escaparam por cima de certas ilhas: aqui já não podes procurar o meu abraço nem as manchas da minha sombra. Mas procura as outras regiões que ofereço do cansaço de ter te forjado.
Adormecem, as bocas tesas de palavras.

VI
o enigma*

quem inventou foi você. Eu não aguento mais essas tuas pernas dobradas. Me dói muito, eu me deito para descansar mas sei de cor que os convidados estão retidos pela chuva, estão trocando olhares, estão contemplando sapientes. Aqui nesta festa eu conheço todos, absolutamente todos, eu posso te explicar por que aquela dali se recusa a passar por baixo das luzes. Não insista, não me olhe dissimuladamente, não finja mais que o fim é outro. Imaginemos que a festa transcorre normalmente etc.; num dado momento nós perdemos o sentido do alheio; continuamos na mesma posição e era como se houvesse uma cena campestre, ou uma descida de saltimbancos pela encosta; não sei o que fazemos dos convidados neste momento; ora eu te ofereço uma coisa cujo nome eu não encontro ora você me oferece uma coisa cujo nome você não encontra; torna-se impossível de um momento para outro negar o nosso transe; os passageiros estão de pé, todos se voltam para nós e permanecem imóveis porque a chuva ainda os retém; a chuva nos impede, pensamos; se a chuva não nos impedisse, sonhamos; era escuro e dentro de um trem, de um veículo qualquer que nos transportasse desta iminência; você apanhava a tesoura; eu via nos olhos dela: me matava em breve; você se evadia, bastava subir as escadas e sentar nos degraus e encostar a cabeça nos tijolos; era também difícil que isso acontecesse; você pensava muito, às vezes você tirava tardes para pensar, dizia "vou pensar" e não ia. dizia tanta coisa, eu tenho quase a certeza que não era possível que você estivesse indo. Não era possível mas ainda assim eu continuava vendo os passageiros, um deles enfiou a mão no bolso e te

* Este trecho foi publicado, com pequenas alterações, em *Inéditos e dispersos.*

interrompeu com violência. Ainda assim eu via também nos olhos dela os convidados prontos, a espera do teu grito, o casaco do morto na cadeira. Na parte mais escura da sala te espalhar no solo como a um bicho qualquer. Uma das convidadas não se ergue jamais. Me chama com os seus sonhos engraçados, seus pudores. Sordidamente quero saber detalhes. Tenho horror da pudicícia inclinada no meu ombro, atinando com a sensação tátil da curvatura. Imagino no ar quanto mede o teu ombro e o ombro da convidada. No ar são idênticos e indistinguíveis. Tua garra recai no veludo forte, teus olhos que eu não posso ver, tua mesma medida de ponta a ponta. Enumero. A convidada enumera como num matadouro. Abre as pernas com um sotaque que não se percebe, não percebo teu cuidado exagerado, teus dedos inverossímeis e brancos e idênticos. Enumero como num matadouro. Sou o único bovino presente. Me enumero, conto o único presente, levantas um objeto na mão como numa loucura prévia. Tuas mãos prévias enganam o objeto. A convidada continua enumerando, estaria agora erguida no meio do anfiteatro aguardando o sacrifício. Aguardamos o sacrifício tocando levemente nos convidados e nas suas olheiras de noite inteira sem descanso quando a tua pobre pele se retrai de exaustão de tanto desviar as garras. Não nos movimentamos mais, talvez eu não veja mais as quatro patas resolvidas neste centro. Ou talvez apenas tenha tempo de olhar a tua mão tentando tocar o objeto rígido e o último golpe no espaço.

VII

Esperei para acender a página com fogos de artifício. Algumas tentativas são corretas. Algumas expectativas nos mantêm. Não me exija a imparcialidade. Tenho vômitos. Barrigas carbonizadas na margem da estrada. E outras figuras que possam vir a chocar teu pasmo. Outras histórias.

Seus olhos estavam outra vez estalando nas concavidades.

Forrou de verde as cestinhas: ritual de preparação.

Pediu palmas. Não me lembro com muita fé se havia uma continuação. Os degraus por exemplo. Ele dizia: há buracos, buracos no meio dos escritos. Proibição de escrever cartas. Ou procurar trazer coisas dos sonhos.

O próximo passo era o esquecimento. Dizer "não sou eu" e esquecer em seguida. "A noção de sujeito é puramente gramatical." Sentimentos de ataque. Retomariam o fio da meada? Retomariam o fio da meada?

Seus olhos forrados de lembranças: não te vejo, amor. Desenhou um personagem com esmero: chorando. Desenhou duas felinas de pé: prontas para saltar fora das avenças enquanto os empregados enchiam a casa de luminárias, panos, decorações secretas, desejos pelas meninas. No fim da fábula, se desprendiam dos rodapés e revisitavam o assoalho. De quatro faziam de conta que eram aves em descanso. "Minha asa cabe na tua asa", esperavam. As linhas do corpo obedecendo a pensamentos superiores: esperma dos deuses, orvalhos, eu te perdoo em nome da ilusão: rastejar não passa de um momento na nossa morte. Não existe nada nesta língua que possa satisfazer aos reinos incidentais do desejo. As próprias línguas escaparam como gatos na fumaça.

Passatempo seguinte: discriminar rigorosamente as caldeiras, as caçarolas, os bonés com escudinhos da estação de esportes de inverno, os instrumentos musicais, os bacilos que vem à tona, os carros de corrida. Que saudades se encontram na mansarda? Meu peito está rarefeito. Olha só os meus seios que belos espécimes do jardim que homem misterioso aquele lá ao longe que aguarda as crisálidas e te disse uma vez que não te tinha traído pois que tudo que viras entre as plantas fora uma triste miragem produzida pelas tuas suspeitas que o teu primeiro homem despido para ti pertencia apenas à fantasia de teres tido uma noite um primeiro homem despedido para ti apesar de teres dito não! não! não às crisálidas à noite. Porque tudo isso esteve acontecendo sem que ninguém se desse conta de que voltavam do cais, tiravam a chave ainda meio úmida de orvalho, maresia, águas das chuvas imperfeitas e outras imperfeições e tomavam conta das portas sem ajuda, e cavavam poços na entrada, e não atinavam nunca com a rotunda câmera virada para baixo: você cuida dos meus dedos e eu cuido dos seus.

VIII

Te espantas com a obsessão maciça do cansaço. Obsessão de fabricar um objeto extraordinário no meio da noite. Perco os dons todos no meio da noite. No meio da noite eu adoro: como nas invenções torpes. Com mansidão pego a tua arma: anular as invenções torpes. Com extrema mansidão: um traço que imite o mundo. Uma frase que me deixe. Que me suprima. Que me transforme numa forma. Cuja boca retorcida te seduza. Estou depondo na primeira pessoa. Em mim ainda se debatem as pessoas. Neste debate eu sei que ainda temes ou desejas no escuro (no claro) que a segunda pessoa seja uma cópia do teu corpo. Ou da tua alma. Mas a minha linguagem é mais clara. Eu poderia te dizer aonde se entrecruza a lenta gramática e o teu sexo de gatas — a torpe literatura. Segurava teu corpo (mas não era o teu corpo — por momentos sou torpe e me creio real, bissexual). As empresas que eu me conferia. Pequenas empresas, pequenos milímetros até a tua pele, pequenas dissolutas tarefas de acompanhar na escuridão (no meio da noite) os imaginários da tua pompa. Faltava o rigor (do teu corpo; do meu ódio falta o rigor do teu corpo). Faltava um dia eu ter violado as circunstâncias, ouvido os gritos, me atirado na tua lentidão. Minha letra me transtorna. Por momentos faltava que eu — que tu — que as estrelas — que as palmeiras. Lembro tua cabeça escura.

IX

Eu posso confundir os ruídos da rua em frente. Os limites da rua são semelhantes aos desenhos que teu rosto trai. Me parece vago me vestir das tuas palavras, ou te vestir das minhas. Me parece vago eu e tu. Porque estou ardendo pelas terceiras pessoas na multidão e no exagero. Como as silentes visões que a custo separo do meu hálito — ou o personagem vazio que é todas as ausências de personagens. Por mais que sejam visíveis com as primeiras nuvens, esquecem a paz de serem apenas dois signos idênticos e sobem ruínas estreitas, presas abandonadas há muitos anos, restos de temporadas humanas, o súbito vácuo. Precisa se deter sobre largos muros, trincar os dentes numa carne despedaçada. Precisa fingir que passeia por uma praia ao sul de tudo, precisa fingir que se move lepidamente em minhas areias. Teu movimento uniforme para um único ponto no ar. Frente à tua tardia se retraem como num barco como numa lembrança absoluta de fome. Para te exigir ainda tudo, para te rasgar em partes separadas. Para te trucidar as letras, o reverso do que és, tuas direções. Me escapa o poder de redenominá-las pequenas companhias, dois esquecimentos de um destino de ser real, talvez um lapso apenas meu ou teu. Somos e sois apenas figuras, irrecuperavelmente deslocadas de um lugar primordial. Faz menos distância impossível. Tuas visitas de popa a proa, imprevisíveis e frequentes como as chegadas a um cais — a um velho cais desprotegido, as amarras rangendo entre as águas e âncoras repousando. Vens entre as tábuas de bordo e a marca do sextante, liquefeita. Me reconheço de parte com teus sonhos ou com este reino onde também teus sonhos principiam. Uma persistência unívoca me faz suster a composição agora mágica dos corpos. Neste cais nada mais me importa mas a partida dos veleiros. Há que aguardar à beira das ondas e reouvir os ruídos da rua em frente, como que para apanhar entre os dedos a bobagem desta noite.

visita à oficina

nota do curador

Graças à pesquisa do poeta e compositor Mariano Marovatto no arquivo de Ana Cristina Cesar no Instituto Moreira Salles, esta seção surgiu. Os textos inéditos aqui escolhidos são uma pequena amostra do material que ficou na oficina de Ana, por assim dizer, onde os exercícios de escrita para acertar a mão eram feitos continuamente. Afinal, numa época em que os rascunhos quase desapareceram por causa do computador, que absolve todas as tentativas que parecem frustradas, nada como publicar o progresso, o empenho e a arte de uma poeta definitiva nos bastidores de sua criação.

Armando Freitas Filho

definição

poeta é onda
onda é canto
canto é espera
espera é adeus
adeus é morte
morte é nódoa
nódoa é ostra
ostra é ensaio
ensaio é busca
busca é poeira
poeira é poeta

"inc" nov. 68

ANOS 1960-70

tradução

— Traga, disse o duque, uma solução
Assassinaram-no.
Não deixa de ser uma solução.
Não deixa de ser uma frase,
Na qual um truque enorme se delineia.

— Enganei, o poeta falou, os leitores obtusos.
Sem comentários.

inconfissões — 14.11.68

ANOS 1960-70

Lindo! 10

quase

uma tarde cremosa.

coração, bates; como quem está amoroso ou precisando escrutin

páginas virgens.

há um outono lânguido tiquetaqueando por entre nuvens de len
dão; há um casal de andèrinhas se buscando entre antenas e
pára-raios; há um homembinóculo de camisa azul, no alto de
terraço, violentando janela por janela;

vozes surrealistas de crianças levantam vôo por detrás de
varal; um urubu solitário espirala, talvez à cata de
carniça entre o crepúsculo.

os sonhos que rabiscam velhos mares não são mais daquela
finidade antiga; e ser, nesta meia-hora, é descascar sem
muita pressa, é interpretar nuances de magia.

que mistério engravida esta cidade ?

ana cristina
3o.3.69
17:30

quase

uma tarde cremosa.
coração, bates; como quem está amoroso ou precisando
escrutinar páginas virgens.

há um outono lânguido tiquetaqueando por entre nuvens de lentidão; há um casal de andorinhas se buscando entre antenas e para-raios; há um homembinóculo de camisa azul, no alto de um terraço, violentando janela por janela;
vozes surrealistas de crianças levantam voo por detrás de um varal; um urubu solitário espirala, talvez à cata de carniça entre o crepúsculo.

os sonhos que rabiscam velhos mares não são mais daquela finidade antiga; e ser, nesta meia-hora, é descascar sem muita pressa, é interpretar nuances de magia.

que mistério engravida esta cidade?

ana cristina
30.3.69
17:30

ANOS 1960-70

HOLOCAUSTO

(de um elogio tátil a uma ele-
gia de Drummond)

Estar em fraude – não consigo
mesmo, não consigo mesmo. Con-
seguir vislumbrar a fraude ine-
rente – segui-la em conivência,
vivê-la em seguimento a indica-
ções envelhecidas pela chuva.
Chamar sem querer as palavras
delineadoras – é fácil criar-
-se a partir da energia com
que se cria. Autocriar-se é
tosquiar outras sentenças,
e em surprêsa – um gôsto
azul interpenetra ------
está-se em frente ao que
se é: mas não era êste
meu abismo, minha es-
pera era outra,muito
outra. E agora que
já entramos no ci-
clo de apazigua-
mento,o menor
som estranho
é um alerta
e uma into-
nação nova.
E já não
sei se
é jôgo,
ou se
vida.

holocausto

(de um elogio tátil a uma elegia de Drummond)

Estar em fraude — não consigo
mesmo, não consigo mesmo. Con-
seguir vislumbrar a fraude ine-
rente — segui-la em conivência,
vivê-la em seguimento a indica-
ções envelhecidas pela chuva.
Chamar sem querer as palavras
delineadoras — é fácil criar-
-se a partir da energia com
que se cria. Autocriar-se é
tosquiar outras sentenças,
e em surpresa — um gosto
azul interpenetra ———
está-se em frente ao que
se é: mas não era este
meu abismo, minha es-
pera era outra, muito
outra. E agora que
já entramos no ci-
clo de apazigua-
mento, o menor
som estranho
é um alerta
e uma ento-
nação nova.
E já não
sei se
é jogo,
ou se
vida.

ANOS 1960-70

Por que sou uma pessoa, e uma só?

Por que — por quê? Por que sou isso ~~e~~ e não aquilo?

Ou isso ou aquilo

Por quê? Por que ~~sou~~ isso e não aquilo?
Por que (sou) este e não aquele, lá, aqui?
Hoje, na terça? Em casa, não fora?
Com pele, não pena? Com rosto, não folha?
E por que ~~fui~~ assim, e ~~só~~ ~~só assim~~? uma vez só?
Por que na terra, perto da estrela?
Por que ~~sou~~ em mim e comigo, e por que
sento aqui e não ali, ou milhas além,
e olho para este canto escuro assim
como olha, erguendo subitamente a cabeça,
e rosnando, esta coisa chamada
cachorro.
Depois de tantas eras de não ser?
Em vez de ser sempre e ser tudo?
Em vez de mares e céus?
ser

Por que sou uma pessoa, e uma só?*

Por quê? Por que sou isso e não aquilo?
Por que (sou) este e não aquele, e aqui?
Hoje, na terça? Em casa, não fora?
Com pele, não pena? Com rosto, não folha?
E por que fui assim, e uma vez só?
Depois de tantos eras de não ser?
Em vez de ser sempre e ser tudo?
Em vez de ser mares e céus?
Por que na terra, perto da estrela?
Por que em mim e comigo, e por que
sento aqui e não ali, ou milhas além,
e olho para este canto escuro assim
como olha, erguendo subitamente a cabeça,
e rosnando, esta coisa chamada
cachorro.

ANOS 1980

* Neste poema inédito, há a seguinte anotação, com a caligrafia da mãe de Ana C., Maria Luiza Cesar: "poemas poloneses". Durante algum tempo, a poeta, em parceria com sua amiga Grażyna Drabik, fazia traduções polonês — inglês, inglês — português. Não conseguimos confirmar com Grażyna a proveniência deste poema, mas supõe-se que se trate de uma dessas traduções.

Cio zelo céu

~~Vou~~ buscar as meias.

Su poesía tiende a lo inminente

30.10.81

Agora percebo por que a grande obsessão com a carta, que é na verdade a obsessão com o interlocutor preciso e o horror do "leitor Ninguém" de que fala Cabral. A grande questão ~~[illegible]~~ é escrever <u>para quem</u>? Ora, a carta resolve este problema. Cada texto se torna uma Correspondência Completa, de onde se estende o desejo das correspondências completas entre nós, entre linhas, elo total ~~[illegible]~~. A outra variação é o diário, que se faz à falta de interlocutor íntimo, ou à busca desse interlocutor ("querido diário"... ou as trancas que denunciam o medo/o desejo do leitor indiscreto). Nos dois gêneros, manda a prosa, que evita "esses trancos da dicção da frase de pedra" — ~~[illegible]~~ que deseja embalar e seduzir o leitor nos seus trilhos: "até o deslizante decassílabo
discursivo dos chãos de asfalto
que se viaja em quase-sono,
sem a lucidez dos sobressaltos"

Sob o signo de peixes: os sobressaltos são outros; são vertigens súbitas no meio da paisagem que rola.

Tendo lido sobre a "admirável coerência" de Foeldi. De quem já localizou a sua fala — e desse lugar, fala. Minha "falta de lugar". A "procura de uma fala". Vejo-se seus livros: entre a prosa e a poesia, entre o discursivo e o sobressalto. Redescubro João Cabral com medo. Dessa precisão. Da renúncia da sedução. Daí se segue direto para concretos, que nos lembramos agora, na ~~sua~~ fulminante localizar-se. Que fala localizada! A posição marcada. A poesia que sobressai, lúcida, pedra. A poesia que desliza, embala, aplaina, seduz. O partido.

p/ Mary

hoje lembrei-
do que mais
queria -
inventar
então
ajuda -
outra vez
- a lembrar

Me vejo muda entre partidos.
A minha fala, então?
Os meus pares, então?

Sob o signo de peixes. Vejo o seu signo. Fale. ~~É~~ Só falando.

Agora percebo por que a grande obsessão com a carta, que é na verdade obsessão com o interlocutor preciso e o horror do "leitor ninguém" de que fala Cabral. A grande questão é escrever *para quem*? Ora, a carta resolve este problema. Cada texto se torna uma Correspondência Completa, de onde se estende o desejo das correspondências completas entre nós, entre linhas, clé total. A outra variação é o diário, que se faz à falta de interlocutor íntimo, ou à busca desse interlocutor ("querido diário..." ou as trancas que denunciam o medo/ o desejo do leitor indiscreto). Nos dois gêneros manda a prosa, que evita "esses trancos da dicção da frase de pedras" — que deseja embalar e seduzir o leitor nos seus trilhos:

"até o deslizante decassílabo
discursivo dos chãos de asfalto
que se viaja em quase-sono,
sem a lucidez dos sobressaltos"

Sob o signo da paixão: os sobressaltos são outros; são vertigens súbitas no meio da paisagem que rola.

Tendo lido sobre "a admirável coerência" de Goeldi. De quem já localizou a sua fala — e desse lugar, fala. Minha "falta de lugar". A "procura de uma fala". Veja-se os meus livros: entre a prosa e a poesia, entre o discursivo e o sobressalto. Redescubro João Cabral com medo. Dessa precisão. Da renúncia da sedução. Daí se segue direto para concretos, que não lembrarei agora, no seu fulminante localizar-se. Que fala localizada! A posição marcada. A poesia que sobressai, lúcida, pedra. A poesia que desliza, embala, aplaina, seduz. O partido.

Me vejo muda entre partidos.

A minha fala então?

Os meus pares, então?

Sob o signo da paixão. Veja o seu signo. Fale. É só falando.

ANOS 1980

A casa era uma ilha ancorada e pela paisagem
passavam os barcos da paixão dispersando o
desejo.
Como quem não quer nada.
teu amor esguio.

ANOS 1980

un signal d'arrêt

Aí eu te digo diante do teu traço de puro reflexo:
"Em vez de escrever, simplesmente"
Eu te digo que não vejo no reflexo onde está o desejo de traçar
para quem você quer ter.
Como se eu estivesse desenhando.
Eu não sei mais escrever porque só escrevo para dar o que
[escrevo
e ter — mais do que — um olhar —
"tematizar o interlocutor"
"sublimar o interlocutor"
Chama vocativo, eu falo, parodiando a moça séria, a noviça de
batom bem cor-de-rosa ("mas o que é que é isso?!"), e dei um
puxão na tua manga, no sofá da sala onde não se parava de virar
porto,
mas como eu ia dizendo, aqueles problemas de técnica, a
[primeira,
a segunda
pessoa,
não se resolve assim não, com fissura de manifesto ou de
contar as obscuridades de Paris com flashbacks no Brasil, e
furor escatológico, e massagens de cumplicidade, não,
não é assim.
Flash: um puxão na manga e o epistolário do século dezenove.
Peço para Beth um papel de carta de New York/ New York
com estrelas prateadas e: olhos críticos.
"Plus tard, les signes, certains signes. Les signes me disent
quelque chose. J'en ferais bien, mais um signe, c'est aussi um
signal d'arrêt. Or em ce temps je garde um autre désir, un
pardessus tous les autres."
E é por isso que eu não escrevo.

ANOS 1980

?
@

Noite carioca II

A verdade! A verdade! exigiu o bruxo ~~bruxo~~ brusco com anel no dedo indicador, ainda que suavemente ~~ainda que suavemente~~. Não é boa política, eu pensava; ~~no feitiço~~ [illegible] pensava no feitiço. ~~[illegible], fica sintaxe que entorpece~~.
Entrei no carro e me casei. ~~De pé no Baixo.~~ Antes fosse o telefone, confessionário moderno que eletriza minha mão. Nós sabemos o rumo desta noite. ~~[illegible] nos [illegible] de [illegible]istas. [illegible] de mulher~~. Nada é ~~mentira~~ falso, não digo tudo apenas porque não confio no esgar do meu sorriso, ~~no ar [illegible] de entendida: "Ela me contou..." Um baixo comentário.~~

SIM

Em suma ninguém – exceto os outros – nunca sabe disso.
Da felicidade.
Mary: por baixo, por baixo, não dá tempo.
Um movimento. Calo e beijo o líder pedagogo querendo confissões: deita aqui, no meio.
Não digo as letras todas. Durmo com um olho só, de olho

?
@

Noite carioca II

Entrei no carro e me casei. A verdade! A verdade! exigiu o bruxo brusco de anel no dedo indicador, ~~ainda que suavemente~~. Não é boa política, eu pensava, mas pensava no feitiço. ~~De pé no Baixo.~~ Antes fosse ao telefone, confessionário moderno que eletriza minha mão. Nós sabemos o rumo desta noite. Nada é falso, não digo tudo apenas porque me fio ~~[illegible]~~ no esgar do meu sorriso. [illegible]
Em suma ninguém – exceto os outros – nunca sabe disso.
Da felicidade.
Mary: por baixo, por baixo, não dá tempo.
Um movimento. Calo e beijo o líder pedagogo querendo confissões: deita aqui, no meio.
Não digo as letras todas. Durmo com um olho só, de olho.

noite carioca II

Entrei no carro e me casei. A verdade! A verdade! exigiu o bruxo brusco de anel no dedo indicador. Não é boa política, eu pensava, mas pensava no feitiço. Antes fosse ao telefone, confessionário moderno que eletriza minha mão. Não sabemos o rumo desta noite. Nada é falso. Não digo tudo apenas porque me fio ainda no esgar do meu sorriso. Em suma ninguém — exceto os outros — nunca sabe disso.
Da felicidade.
Mary: por baixo, por baixo, não dá tempo.
Um movimento. Calo e beijo o líder pedagogo querendo confissões:
desta aqui, no meio.
Não digo as letras todas. Durmo com um olho só. de olho.

MEIOS DE TRANSPORTE

sou eu que escrevo, agora, aqui neste cais deserto onde entra sem ser visto um velho cargueiro inglês. Percebo que o seu segredo é que, ao dizer "eu", este texto realiza a conjunção entre o real (esta minha vida ou quem a viva), o simbólico (este discurso ou o pronome eu que aqui deliro) e o imaginário (este ouvir constante da minha própria biografia); e, ao realizar esta conjunção, manifesta também o momento que consciente e inconsciente se encontram sobre as pedras úmidas do porto e ao que tudo indica é aí que são produzidos clandestinamente desejos informuláveis. O desejo que me foi devolvido (formulo agora) é o de ser não apenas uma personalidade, mas sobretudo uma Personalidade (que são as únicas personalidades que ganham — eu não disse "merecem" — biografias).
MERA QUESTÃO DE MAIÚSCULAS OU MINÚSCULAS.

... E assim torturada a minúscula baronesa de macau imita seu cônjuge e rola pelo chão sob os olhares espantados do escritor Carlos Saldanha e da sua falsa coruja, enquanto ecoam pela sala as palavras do seu mestre:

"E basta de comédias na minh'alma!"

PASTA ROSA

O pai pigarreia como um lobo.
Não debandamos
nem podemos tirar os olhos
do prato feito sobre
a mesa branca
da copa.

PASTA ROSA

haikai

hem? hem? quital
ser Orlando
na vida *real*?

PASTA ROSA

8 outubro 71

Penso em paisagens da PUC, coisas esperadas, disposições esperadas, e as caras! Deus! as caras! as pessoas tão estupidamente familiares: onde está a raridade, o precioso dos raros, a aura dos que vêm pouco, o halo dos desaparecidos? O que eu queria mesmo era aquele gesto sem olhos (a medo:): eu também sei, eu também, eu entendo. Eu queria era aquele gesto que um dia conciliasse os desentendimentos, ou a ausência.

PASTA ROSA

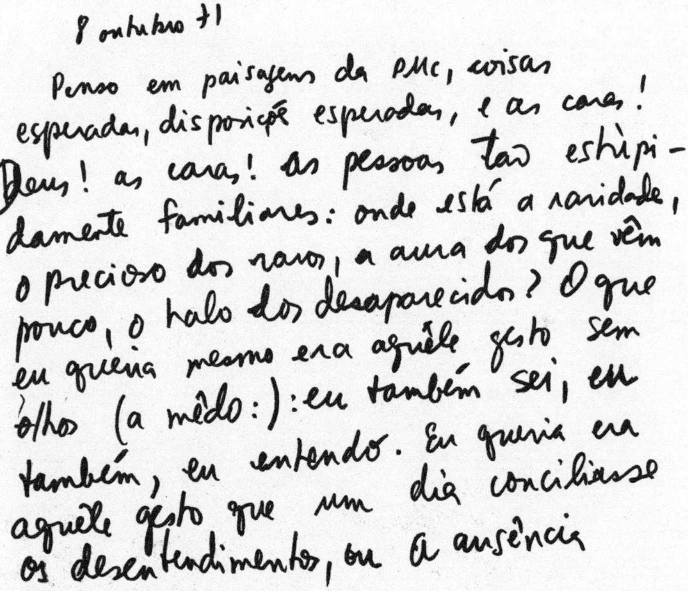

8 outubro 71

Penso em paisagens da PUC, coisas
esperadas, disposições esperadas, e as caras!
Deus! as caras! as pessoas tão estupi-
damente familiares: onde está a raridade,
o precioso dos raros, a aura dos que vêm
pouco, o halo dos desaparecidos? O que
eu queria mesmo era aquêle gesto sem
olhos (a mêdo:): eu também sei, eu
também, eu entendo. Eu queria era
aquêle gesto que um dia conciliasse
os desentendimentos, ou a ausência

à mercê do impossível

Um leitor sonhou que abria o livro *A teus pés*. Então, leu um poema que na vida acordada conhecia, mas como se fosse a primeira vez. O perplexo sonhador, segurando o pequeno volume e repetindo as palavras do poema, abismava-se com a dupla natureza da sua experiência: alguma coisa meio incompreensível o atraía enquanto procurava fazer emergir, do fundo da memória, uma sensação entre o reconhecimento e o espanto. Percebeu, fascinado, o que constitui a ambiguidade insuperável daquela escrita: o leitor sempre percorrerá o livro pela primeira vez, tomado pela perturbação. Pois um dos efeitos da radicalidade de Ana Cristina Cesar consiste na impossibilidade de se apossar de seus versos. Não há, o mais das vezes, unidade coerente que proporcione estabilidade. A recordação concorre com a simultânea impressão de estranheza.

Se a satisfação do leitor de poesia pode ser parecida com a do ouvinte de música, que quer escutar de novo aquela canção, para decorar, tornar suas e se apropriar de palavras e melodias — e, ao se afeiçoar a um poema, busca no livro justamente aquela página especial, a fim de repetir e declamar com uma entonação particular os versos que nele se entranharam —, ele terá uma relação conflituosa com a voz aflita, desejante, sub-reptícia de Ana Cristina, que o convoca: "Entra luz por uma fresta e não te peço mais que assentimento".

O "imóvel tóxico do tempo" se estende sobre cada frase, que se agita para captar o que passa, passa, passa, agarrando minudências, insignificantes em si mesmas, e tentando dar-lhes forma de acontecimentos; mas as cenas se interrompem ou mudam de ângulo no instante mesmo em que iriam perfazer-se. Despido da camada alisadora de reboco, o poema se assemelha a um sismógrafo ansioso que salta à mínima variação, sem depurar o fluxo de seus detritos e entraves, estancando em versos bruscos a escrita, que é por natureza movimento:

Hoje — você sabe disso? Sabe de hoje? Sabe que quando
digo hoje, falo precisamente deste extremo ríspido,
deste ponto que parece último possível?

O conteúdo, enfático na angústia, combina com o arfar arrítmico da pergunta. O leitor é interpelado, como se de cara já houvesse discordado e fosse provocado. A velocidade obriga à premência:

Não querida, não é preciso correr assim do que
vivemos. O espaço arde. O perigo de viver.

Não, esta palavra.
O encarcerado só sabe que não vai morrer,
pinta as paredes da cela.
Deixa rastros possíveis, naquele curto espaço.
E se entala.
Estalam as tábuas do chão, o piso rompe, e todo sinal é uma
profecia.
Ou um acaso de que se escapa incólume, a cada minuto.
Este é meu testemunho.

A urgência transmite a impressão de que o poema é o testemunho do "fogo do final". Exprime-se, pois, em metonímias abruptas, como se não houvesse fôlego para dizer mais do que o essencial daquele evento fugaz, segurando o leitor e colocando-o no centro, pedindo sua ajuda para salvar-se do perigo iminente. A escrita é o "sinal" — "profecia" que permite safar-se por um triz, quando tudo se consome: "o espaço arde". Até mesmo as aliterações obsessivas reforçam a figuração da escrita como "rastro", vestígio antes do risco da destruição: "[...] se entala./ Estalam as tábuas [...]"... "[...] acaso de que se escapa incólume [...]".

A convicção de que o tempo se encolheu e só existe este único (e último) instante, característica de sua geração de artistas, repropõe-se fortemente. A forma perene da arte é comprimida pela irrupção do imediato: "Anjo que registra".

Por causa da sensação de que a vida transcorre sob nossos olhos de leitor, configurando-se ainda inapreensível à nossa frente, podemos também conceber o sentimento oposto: o de que tudo é profundamente reconhecível. E não há mistério a decifrar: "discurso fluente como ato de amor/ incompatível com a tirania/ do segredo". Apreendemos, num nível intuitivo e pré-lógico, os impulsos internos do que nos é comunicado, como se quem nos falasse fosse a nossa própria voz — e então partilhamos da confidência como amigo íntimo, que entreouve segredos e adivinha as meias palavras.

O fato de que há diversas e até contrastantes perspectivas de interpretação nos livros recentes sobre Ana Cristina Cesar (dentre os quais destacamos os estudos de Annita Costa Malufe, Luciana de Leone e Marcos Siscar) atiça o leitor à procura da compreensão (possível e impossível), também ele seduzido por essas linhas com e sem entrelinhas...

Ana Cristina, assim como outros poetas de sua geração, debate-se com o agora. A tendência ao encurtamento programático de toda mediação, típica da arte dos anos 1970, acentua-se nela pela alternância entre imersão reflexiva e aparente digressão, apostando mais na sublevação das certezas do que na afinação com projetos coletivos de qualquer ordem.

Uma vez vestidos e encenados, o que revelariam esses poemas telegráficos e elípticos, sobrepostos como panos de diversos feitios e alinhavados em camadas? Parece haver um oco ou vazio central que só pode ser preenchido por um corpo em movimento. A presença do artista há que ser visível. Chegamos muito perto, participamos do ato e do papo. Uma voz conversa e respira conosco, tão próxima que pressentimos seu rosto.

"As fotografias dos anos 1970 envelheceram muito depressa. Havia um excesso de atualidade nas pessoas e nos acontecimentos que deixava cair uma cinza de efemeridade sobre as imagens." (Inês Pedrosa, *Nas tuas mãos*, p. 131).

Mas... algo se elide sob os óculos, sob o olhar esquivo, sob a pose estudada, e principalmente sob as luvas de pelica: "Não sou eu que estou ali/ de roupa escura/ sorrindo ou fingindo/ ouvir [...]"... "Eu preciso sair mas volto logo".

A comunicação é atravancada, desconjuntada, sempre no "contrafluxo", pois nem a poeta nem seu interlocutor encontram-se ali plenamente. "Diálogo de surdos" ou "Gente falando por todos os lados" impedem que a história seja contada de fio a pavio. À impossibilidade real corresponde também certa garrulice, ou tom brincalhão e malicioso de quem provoca o outro, "sereia de papel". Limiar paradoxal de literatura-diário, onde "eu sou eu e você é você mesmo".

Cito alguns versos de *Inéditos e dispersos*, que se assemelham a mensagens rápidas e desesperadas: "Estou vivendo de hora em hora, com muito temor". Ou: "Preciso me atar no velame com as próprias mãos./ Sopra fúria".

"Hoje, nesta noite", a voz da poeta quer ressoar — mas ninguém ecoa:

e procuro uma vez mais ouvir-te respirando
no silêncio que se faz agora
minutos e minutos de silêncio, já.

O que morre.
Estou morrendo, ela disse devagar,
olhos fixos para cima. Olhe
para mim, ordenei. Não se vá assim.

O leitor hipócrita ou indiferente precisa ser sacudido pelos ombros para escutar o apelo, da ponta escura do cais, invisível, distante.

O que se deduz da atmosfera existencial em que viveu Ana Cristina, a qual a impregnou desse sentimento de mundo específico, traduzido tanto na forma quanto nas imagens de seus escritos? Como a História penetra na história de cada um e de todos, e incide no poema?

Há várias passagens em que a cena da escrita ocorre nos "meios de transporte" (título com que Ana Cristina pensou em batizar *A teus pés*) — versos conduzindo automóveis, ambulâncias, ônibus, aviões, navios. O próprio ato de escrever é figurado em deslocamento, como se a poesia fosse uma viagem veloz no tempo e no espaço: "Estou sirgando, mas/o velame foge.", ou:

Um carro em ré. Memória da água em movimento. Beijo.
Gosto particular da tua boca. Último trem subindo ao
céu.

O poema guia uma ambulância de sirene ligada, ou se lança de carro no mar. A voz lírica dirige a toda, "passando a mil". Leia-se, entre outros, em "Mocidade independente":

Voei pra cima: é agora, coração, no carro em fogo pelos ares, sem uma graça atravessando o estado de São Paulo, de madrugada, por você, e furiosa: é agora, nesta contramão.

Em outra anotação destaca-se a escrita como gesto para organizar a vida, sem delongas: "Agora, imediatamente, é aqui que começa o primeiro sinal do peso do corpo que sobe. Aqui troco de mão e começo a ordenar o caos". A mão que escreve supõe sublimar a desordem pela sua figuração na poesia, sem afastar-se demasiado da visão atenta do que realmente acontece, porém. A poesia pode até mesmo se antecipar e fugir do controle, como neste trecho de "Contagem regressiva":

Tenho medo de ter deixado a máquina ligada
elétrica IBM lebre louca solta pelo campo

Corri atrás [...]

Seu ideal seria cruzar a linha de chegada junto às palavras, compartilhando com elas a intensidade da reunião improvável entre esse sujeito fraturado e sua expressão. Ao mesmo tempo, a total consciência de que é impossível alcançar o cerne, já que "Perto do coração/ não tem palavra", e que "a chave, a origem da literatura" fica onde "o 'inconfessável' toma forma, deseja tomar forma, vira forma".

São notações que soam repentinas, num tempo radicalmente concentrado: "Vem de imediato", e além, numa variante:

Vem imediatamente, possível, e nos leva.
Durante estes últimos meses amor foi este fogo.
Contagem regressiva: a zerar.
Hoje é o zero [...]

Aspiração de coincidir com o momento matriz, em que o sujeito anula todo intervalo temporal, espacial, linguístico, e vive só do alumbramento:

Agora quero luzes, os ramais piscando, o som
virando
luz, o disco voador, velocidade ímpar, num piscar
de olhos

A presença à qual a poeta almeja no geral não se realiza. Quanto mais impetuoso é seu impulso para a "ilusão de transe" tanto mais reconhece a cisão entre palco e plateia. A tensão que precederia o salto através do arco infranqueável entre palavra e mundo, assim como entre sensação e palavra, é um dos motivos mais fortes de sua poesia. Embora experimente pulos e negaças, ansiando ser como os felinos, apenas rara e esparsamente se permite atingir "bliss" — lampejo de onde irradia o tempo —, quando a vida está completa: "A luz se rompe./ Chegamos ao mesmo tempo ao mirante/ onde a luz se rompe".

Viviana Bosi

[redacted]

apêndice

Para Armando,

dia do seu esperado lançamento,
em 23 de outubro, 2003,

esta lembrança de Ana Cristina,
em outubro de 1960.

(Foto minha.)

Waldo

Quem é
ESSE CARA?
Renata FRONZI × ZELONI
E um grande ELENCO!
ODAS AS NOITES às 20 e 22 hs. Reservas tel. 27-8712
UDN
PIRIGO
NILO ROMERO

a carta deixada

para Ana, missivista

Desnecessário esquadrinhar
o quarto, a escrivaninha
fazer o desmanche
do chão perdido.
Fora do envelope, à vista

em cima da mesa vazia
a carta dobrada duas vezes:
papel ofício, folha A4, única.
Manuscrito à tinta, não
de esferográfica, de pena.

De pena emendando
o erro, que escurece
o papel sem fim, igual
ao desenrolar da noite
acesa na janela aberta.

Armando Freitas Filho

Esta carta, que não chegou a ser enviada a Armando Freitas Filho, foi encontrada na mesa de trabalho de Ana Cristina Cesar. Logo depois de sua morte, Maria Luiza, sua mãe, a entregou ao destinatário. Pelo assunto tratado, conclui-se que a carta foi escrita no primeiro semestre de 1982. (N. E.)

Armando,

Passei esta noite de sexta feira escrevendo a continuação da "Aventura na Casa Atarracada" (história fantástica à moda de Poe), e versificando seu poema "Na ria, com os olhos abertos", como uma louca a compor quebra-cabeças de mil peças. Não são mil, mas reparo outra vez a insistência de seus effes; de trezentos mil, parece, fizeram uma torre bem alta em Paris, e não era de marfim, mas puro ferro. Por obra sua escapei de me lançar do alto dela, mas o teu belo poema esse excesso contraditoriamente, acredito, anuncia uma renúncia. Nos próximos outros effes, cortados assim, como num Fla-Flu final de campeonato; e assim cortados definitivamente, vôos supérfluos em direção ao chão. Mas eu te dizia... Estou sujíssima. Não sei como poderei pegar no sono. A literatura me perturba. Uma caixa cheia de cartões postais me perturba. A renúncia me perturba. Até uma caixa d'água, um otorrino gauche, um índice onomástico. Tomo tudo na veia. Os calcanhares (de Aquiles ou Mercúrio?) me pinicam. Os objetos me olham histericamente. Ora vá tomar banho, você diria da sua gaiola de loucas (ainda serão 4?). A beira, a borda, o quase, a renúncia, ou melhor, certa renúncia: você sabe muito bem, mas, como eu, que agora, por sua causa, coloco vírgulas e trocadilhos no lugar, às vezes entra em surto de ignorância (aquela que a psicanálise cura) e se atraca como um navio numa estaca: já viu um paquete amarrado numa estaca? Despropósito! Releia a Ode Marítima depressa e vá ler o Lacan. P.S. Antes que eu assine, confesso ter sentido o mesmo medo que te assola, que nunca me contaste e que eu, como tonta, declaro ter adivinhado ou inventado, o que dá na mesma para nós cartomantes dos poetas: o de que qualquer Lacan te roube de mim, ou te cure a gagueira encantadora..., te roube um verbo; e pronto, confessei. Mary saberia: não roube nada, Armando! É só impressão (nos 2 sentidos). Beijo,

Ana C.

Ausência

Por muito tempo achei que a ausência é falta
E lastimava, ignorante, a falta.
Hoje não a lastimo.
Não há falta na ausência.
Ausência é um estar em mim.
E sinto-a tão pegada, aconchegada nos meus braços
Que rio e danço e invento exclamações alegres.
Porque a ausência, esta ausência assimilada,
Ninguém a rouba mais de mim.

Carlos Drummond de Andrade

Com o pensamento
em Ana Cristina

Desde que veio à tona, na edição de *Inéditos e dispersos* organizada por Armando Freitas Filho, este manuscrito de Drummond vem sendo interpretado erroneamente; entende-se que o poema foi feito em homenagem a Ana Cristina. Armando Freitas Filho esclarece, contudo, que Drummond já havia publicado o poema quando o transcreveu nessa página, durante uma visita da mãe de Ana Cristina. Maria Luiza teria dito que Ana gostava deste poema, que Drummond então lhe enviou com a dedicatória. (N. E.)

do lido ao ponto cem réis

Caminha-se de um extremo ao outro
aranhas passam no portal
aromáticas mulheres
bulício besta
Repito tudo no espelho
macaqueio a gafe lusíada de ontem na
solidão chuventa do quarto
imagino bicicleta pornô
currupaco solto rindo a bandeiras despregadas
varais de legumes
A excursão completa mais
meia volta
no passeio bem iluminado
lajes assustadas
baratas tontas
seios balouçantes
migalhinhas mendigantes
Meu bem, está frio aqui ao ar livre,
libérrimo da pracinha

Este poema e o seguinte, "O ginecologista", constavam da edição independente de *Cenas de abril*, mas foram excluídos pela autora em sua versão datilografada de *A teus pés*, enviada para a Editora Brasiliense. (N. E.)

o ginecologista

Aguarda as próximas mulheres com lábios apertados entre a língua. Dá passos no gabinete. Só consegue aderir à mais estrita verdade. Senhora, tire sua calcinha e suba naquela escada sem demora. Segura a lanterninha e afasta os empecilhos à visão. Clara e lúcida. Devo telefonar desmarcando? Do teto puxa as tiras de couro. Arfar. Mande entrar a outra. Cheira diferente. Graus vários de acidez. Ainda aguardando cobre a sala com um gesto extinto e umedece os cantos da boca, prestes a empunhar a tesourinha recurvada como um carinho temporão.

a imaginação feminina no poder*

Trajando *knickers* amarelo, sandálias chinesas, cabelo punk, com diploma de *Master of Arts* em tradução literária *from Essex*, e um livro editado em Londres, acaba de retornar ao Brasil Ana Cristina Cesar. Pelo desempenho e visual não deixa margem à dúvida: trata-se do que se convencionou chamar de uma mulher moderna, independente e bem-sucedida. No livro, um título que desconcerta essa imagem: *Luvas de pelica*. O desconcerto aumenta quando se observa o *layout* da capa, que traz um manequim em primeiro plano, oferecendo pó de arroz e perfumes numa vitrina de moda em semitons rosa *shocking*. Um diário de alcova? Rabiscos e sonhos de uma moça bem-comportada?

A mulher 80, até onde sei, deve ser consciente, liberada, batalhadora, atenta aos temas da realidade social e econômica, da profissionalização, de seus direitos e desejos — enfim, daquele universo interditado a quem fica confinado nos limites da família e/ou dos cosméticos.

Na década passada, a literatura produzida por mulheres trazia bem essa marca. Sublinhava-se a procura de um outro mundo e de um outro discurso para além daqueles que a empobrecida e frágil imaginação feminina poderia vislumbrar. Alguns setores mais jovens empenhados acentuavam a recusa ao que seriam os estereótipos da "sensibilidade feminina" e trabalhavam uma prosa e uma poesia de linguagem livre, num certo sentido até mesmo agressiva, no uso do palavrão e na transcri-

* Texto publicado no *Jornal do Brasil* em 16 de maio de 1981.

ção da realidade nua e crua, propriedade até então do mundo dos homens. São dessa leva antologias como *Mulheres da vida*, *Palavra de mulher*, *Filhas da mãe* e um bom número de trabalhos congêneres. No ano passado, Gilka Machado, mãe de Eros Volusia, ganha o prêmio Machado de Assis, da Academia Brasileira de Letras. O reconhecimento, se bem que tardio, de Gilka, excelente poeta e precursora da fala feminina liberada, não se dá por acaso nessa hora.

Por sua vez, os movimentos feministas e os grupos organizados em torno da reflexão sobre a condição da mulher começam a ganhar espaço, vigor, projeção e até reconhecimento institucional. O crescente estímulo por parte de órgãos como a Fundação Carlos Chagas: atenção à recente publicação, pela Ed. Brasiliense, da pesquisa *Espelho de Vênus*, desenvolvida pelo grupo Ceres, Finep, Museu de Antropologia da UFRJ, CNPq e outros comprovaram o interesse acadêmico dessas pesquisas.

Na TV, *Malu mulher*, ainda obedecendo ao padrão da Vênus Platinada, pôs em pauta um temário feminino (feminista) considerável e se torna o programa mais discutido na virada da década.

Mas, de mansinho, como convém, parece que as escritoras de hoje vêm surgindo com alguma coisa de diferente, com um investimento sutil e perigoso em tudo aquilo que a tão decantada mulher moderna introduz em seu discurso. Se não, vejamos. Os títulos da mais recente produção poética feminina em confronto com os anteriormente editados são, no mínimo, reveladores. *Luvas de pelica*, de Ana Cristina C., *Rosa malvada*, de Maria Lucia Alvim, *Papos de anjo*, de Lucia Villares, *Instabilidade do tempo*, de Maria Rita Kehl, *Exercícios de amor e ódio*, de Xênia Antunes — para citar apenas os que vejo em cima da minha mesa de trabalho. Todos com seus projetos gráficos de capa sugerindo o cotidiano doméstico & familiar.

O que tem acontecido? Mulheres casadas depõem suas

bandeiras e retornam aos bordados? Dada a improbabilidade da hipótese, me acautelo e chego mais perto dos textos.

Uma observação mais ou menos quantitativa. Dos livros que recebo semanalmente, cerca de 50% têm sido de autoras mulheres. Desse número, arriscaria firmar que a grande maioria apresenta um interesse crescente, tanto em termos de novidade, quanto de qualidade.

De que falam essas mulheres? O livrinho de 33 páginas cor-de-rosa de Ana Cristina pode servir de roteiro para alguns palpites. Em princípio, *Luvas de pelica* é um diário de viagem. Ora, o que se espera do gênero é exatamente uma sucessão de descobertas, aquisições, movimento. Ao contrário, o diário cor-de-rosa nos oferece o relato inverso. O que parece interessar aqui é precisamente o não ir, o ficar, o voltar e o exercício obsessivo de escrever inúmeras cartas para o ponto de partida, a empenhadíssima construção de um pequeno espaço silencioso, em vez da conquista e da exploração do mundo. Todos os estigmas femininos, tabus para o feminismo, sustentam e informam esse discurso, a extrema subjetivação do diário, a interioridade da correspondência, a impressão de confinamento. Uma percepção que procura atentamente a imobilidade. Segredo. Uma sensibilidade ao mesmo tempo lúcida e acuada. Permitam-me o entusiasmo, mas trata-se de peça rara de ourives indiscreto.

Puxo conversa com a autora. Ela, ao se referir ao livro, conta, como numa parábola, a história da passividade do óvulo: "Sem dar a menor atenção à verdade fisiológica, diz-se que o óvulo, imóvel, fica à espera do exercício tumultuoso e valente de espermatozoides para ser fecundado. Ninguém fala da longa e perigosa viagem solitária percorrida pelo óvulo através de túneis obscuros". E conclui: "Esse livro que aborda as viagens pelo lado do confinamento é uma contribuição à biologia do segredo e à maldade desse tom". *Luvas de pelica* parece aproveitar intencionalmente aquilo que é rejeitado como "universo de mulher". Luvas, perfumes.

Sem que se possa duvidar dos objetivos de sua luta, o discurso feminista supõe algumas simplificações e uma certa incapacidade, enquanto linguagem, para enfrentar seus fantasmas mais delicados. Na busca da igualdade, o discurso que informa as lutas feministas de certa maneira legitima os mitos que sustentam o modo de produção capitalista.

Nos textos em pauta bem pouco inocentes, pode-se sentir a busca de uma via alternativa para a discussão da condição feminina avançando, inclusive, no sentido do questionamento da condição masculina. Os pequenos temas se tornam complexos e adquirem nova dimensão pelo trabalho sobre os pontos nevrálgicos do "insondável mistério da alma feminina".

Postura que pode ser percebida na forma velada da imóvel e longa viagem de Ana Cristina Cesar, tecida de iniciais, segredos e temores, bem como através da hipertensão plástica de Maria Lucia Alvim, no belíssimo *Rosa malvada*. Toque mágico: "Tenho medo da mata virgem/ Ela tem um visgo/ Capaz de me perder". Ou ainda em *Pontilhismo*: "A moça mergulha, alisa o ventre/ bolha d'água/ favas de tamarindo entre ela e o céu/ dúvida". É em *Papos de anjo*, de Lucia Villares, mais afeita aos atalhos de *Luvas de pelica*, que angelicalmente vai fundo em poemas como *A noiva*, *Núpcias*, *Vingança*, *Virginal*, *Julieta*, *Clausura*, *Memória conjugal* ou em *Sonho*: "No sonho/ nem nos tocamos/ mas o desejo/ foi ardido e nítido. Fugi às pressas/ pretextuando afazeres/ coisas de mulher/ Encontramo-nos todas ruidosas/ fru-fru e gritos no banheiro/ Retocávamos o batom, refazia-se o cabelo/ No box do chuveiro/ costumávamos atear fogo às vestes com suspiros". E ainda em Maria Rita Kehl, com *Amor e dor*: "Quanto mais você demora 'mais' me assalta/ Depois, não sei se quero o homem que me chega/ ou o que me falta".

Levadas em conta as diferenças individuais pode-se, contudo, detectar, em boa parte da literatura atualmente produzida por mulheres no Brasil, sintomas de um discurso pós-feminista, um novo espaço para a reflexão sobre o poder da imaginação feminina. Uma revolta molecular quase imperceptível no comportamento, na sexualidade, na relação com o corpo e com a palavra.

Quem sabe essa revolta possa vir a sugerir um mundo definido pelo que as mulheres têm de mais vulnerável e de mais forte. Um mundo onde se restaure os pares amor e sexualidade, erotismo e trabalho, imaginação criativa e relações sociais, enfim, a transformação dos mitos que convertem o corpo e o desejo em instrumentos de produção.

Julgo redundante observar que essa nova mulher prevê um novo homem. Quem sabe um Super-homem, como o profeta Gilberto Gil cantou certa vez ao detectar, através da descoberta de sua "porção mulher", "a ilusão de que ser homem bastaria", o crepúsculo do macho?

Talvez já tenha chegado a hora de se suspender taticamente as críticas mal-humoradas, com toda razão, sobre as representações machistas acerca da mulher e atentar para o que uma vanguarda feminina e masculina vem falando.

Quem sabe, ainda, não esteja prestes a acabar o sonho do marido provedor, distante e cansado arrimo de família e já se possa perceber os sinais — ainda que dispersos — da possibilidade de se "mudar o curso da História"?

Heloisa Buarque de Hollanda

a teus pés*

Fascinada por cartas, diários íntimos ou o que ela chama de "cadernos terapêuticos", Ana C. concede ao leitor aquele delicioso prazer meio proibido de espiar a intimidade alheia pelo buraco da fechadura. Intimidade às vezes atrevida, mas sempre elegantíssima. Intimidade dentro de um espaço literário particular, onde não há diferença entre poesia e prosa, entre dramático e irônico, culto e emocional, cerebral e sensível. *A Teus Pés* revela finalmente, para um grupo maior, um dos escritores mais originais, talentosos, envolventes e inteligentes surgidos ultimamente na literatura brasileira.

Caio Fernando Abreu

* Quarta capa publicada na primeira edição de *A teus pés*, da Editora Brasiliense: São Paulo, 1982. (N. E.)

deslumbramentos com a poesia de ana cristina*

Quando conheci Ana Cristina ela apenas descia uma escada. Foi o suficiente pra eu me apaixonar. Baby magrelinha, o sol não podia adivinhar: era inverno e era Paris. O que aconteceu com a minha paixão não interessa. Se quiserem mesmo saber, não aconteceu grande coisa no plano do tangível. Em todo caso, os poetas são tangíveis através dos versos. E ela me deu, naquele frio "gozozo" de 1979, os dois livrinhos de poesia que havia editado até então — *Cenas de Abril* e *Correspondência Completa*, ambos de 79, agora saindo do prelo da Brasiliense, junto com o *Luvas de Pelica*, de 80, concebido e confeccionado na Inglaterra, e o inédito *A Teus Pés*, que dá o nome à reunião da poesia impressa de Ana Cristina.

Quando a conheci, ela fazia o segundo mestrado de sua carreira universitária, em literatura inglesa, numa faculdade de Essex, perto de Londres. Estava passando férias em Paris. Era encantadora, dona de um sotaque carioca aveludado e de uma prosa tão elegante que fazia meu vinho ou conhaque parecerem um interminável chá das cinco. Não fui capaz de impedir que ela entrasse num ônibus e voltasse pra Essex, dali a alguns dias. Me deu um beijinho de despedida na gare. Ai. Foi-se a poeta, restaram os versos. Caí de boca.

O primeiro que li foi o *Correspondência*, minilivro ama-

* Resenha publicada na Ilustrada, *Folha de S.Paulo*, em 21 de novembro de 1982, na ocasião do lançamento de *A teus pés*, e revista pelo autor para esta edição. (N. E.)

relinho do tamanho da palma da mão, menos os dedos. Ali só havia uma carta, inaugurada por um "my dear" e encerrada com um "beijo — Julia". Carta escrita não se sabe pra quem: pessoa muito amiga, homem ou mulher, quem sabe ela mesma, pois afinal era seu nome, Ana Cristina, que constava do sobrescrito — a capa do livrinho. Autora — destinatária de uma carta escrita por sua própria personagem. Fragmentos de história exemplar de moça culta, *classèe* e desbundada, frestas de intimidade, estilo elíptico de quem supõe no leitor um possuidor da chave de todas as significações ocultas no texto. Irônica e sensível. Alma vibrátil de carioca Zona Sul, numa ambiência dos *late seventies*. Confessando, por exemplo, que estava cheia do namorado, isto me pareceu uma condenação definitiva do *maschetto* militante e liricoide dos anos 70. Aquilo foi um toque pra mim: a modernidade mudara radicalmente de feição e a pitonisa-poetisa estava dando esse toque pra moçada, num texto ultrassintético, desdobrável em muitas leituras, mas nunca esgotável.

No *Cenas de Abril*, que, se não me engano, é o primeiro livro dela, encontrei mais fragmentos da história prefigurada na *Correspondência*. Entre o fato mencionado ou sugerido e o fato calado estava instalada a poesia. Certas imagens, de tão cerradas, davam a impressão de que o seu significado se perdera num passado de amores intensos, complexos, que o leitor apenas pode intuir. Escritura ambígua referindo-se a vivências deslizantes. Fascinante. Tão Ana Cristina, tão aquele sorriso claro e delicado dela sob os olhos sarcásticos e ligeiramente devassos. A elegância de Ana está bem longe do melífluo. Vejam: "Acordei com coceira no hímen. No bidê, com espelhinho, examinei o local. Não surpreendi indícios de moléstia. [...] Passei pomada até que a pele (rugosa e murcha) ficasse brilhante. Com essa, murcharam igualmente meus projetos de ir de bicicleta à ponta do Arpoador".

Não vão pensar que o resto segue nesta toada: não, tem de tudo: lirismo nostálgico ("Recuperação da Adolescência:/ é sempre mais difícil ancorar um navio no espaço"), metafísica ("Quisera dividir o corpo em heterônimos — medito aqui no chão, imóvel tóxico do tempo"), saboroso cabotinismo ("Estou bonita que é um desperdício"), e tudo mais que tem atravessado o papo dos poetas pelos séculos afora. Tem personagens, Célia, Ângela, Jack Kerouac, Binder e outros, reais, inventados, reinventados, que surgem como fotografias sem explicação, mas densas de vida, flagradas num álbum *privé* pelo olhar bisbilhoteiro do leitor.

Well, se isto fosse uma resenha competente eu deveria falar das afinidades de poesia/prosa de Ana Cristina com escritores de língua inglesa — Whitman, na parte franca e discursiva; Emily Dickinson, na concisa e elíptica; Katherine Mansfield (de quem Ana é excelente tradutora) nas sondagens em profundidade da *anima & cuore* feminina. Sem contar os brasucas todos — Murilo Mendes e Manuel Bandeira em especial — onde ela foi debicar lirismos à moda da casa. Precisava também situá-la devidamente nas "questãs" feministas e no panorama da poesia marginal carioca, onde ela ocupa posição de máximo destaque na ala culta, ao lado de Chico Alvim e Cacaso. Sei que esses poetas apearam faz tempo dessa classificação de "marginais", mas esse é outro papo.

Faltou falar do *Luvas de Pelica*, penúltimo de seus trabalhos, onde (não resisto) sou citado num verso admirável: "A paixão, Reinaldo, é uma fera que hiberna precariamente"; e do *A Teus Pés*, libro-título da *opera omnia* de Ana, que ainda não degustei devidamente. São falhas a serem corrigidas por exegeta de maior astúcia no ramo. Eu sou apenas um eterno deslumbrado com a poesia, a prosa e a pessoa da carioca.

Reinaldo Moraes

ana cristina cesar: cristais, heavy metal e tafetá*

Ela se chamava Ana Cristina Cesar. Algumas vezes, Ana C. Outras, ainda que raramente, Ana Cesar. Nasceu em 2 de junho de 1952, morreu em 29 de outubro de 1983. Linda. Escritora. Em Essex, um M. A. em finíssima tradução literária. Uma vaga sensação de irrealidade. Livros publicados: *Cenas de abril*, *Correspondência completa*, *Luvas de pelica*, *A teus pés*. Poesia de qualidade, culta. Fascínio com o limite. Traço distintivo: o exercício (quase obsessivo) da correspondência. Cartas. Diários. Postais. Muitos Post Scripta.

Estranhamente, entretanto, a correspondência de Ana C. registrou não viagens de exploração do mundo, mas a procura do mistério que envolve o ponto de partida. Percepção que desvenda atentamente a imobilidade. Sensibilidade lúcida, mas acuada. Um texto cuja chave é um narrador calando comentários. Segredos e temores. Uma vez confidenciou a respeito de seu londrino *Luvas de pelica*: "esse livro que aborda as viagens pelo lado do confinamento é uma contribuição à biologia do segredo e à maldade desse tom".

Sem solução de continuidade, diário, correspondência e poesia fundem-se na vida e na obra de Ana C. Nos dois casos, desvendar conteúdos parecia excessivo. Entre Ana e o texto, entre Ana e a vida, havia a elipse, o prazer do pacto secreto com seu

* Texto publicado na *Revista do Brasil*, ano 1, nº 1, 1984.

possível interlocutor. A isso ela chamava "pathos feminino". Disso, ela fez seguramente a melhor e a mais original literatura produzida dos anos 1970. Desisto. É extraordinariamente difícil falar hoje sobre Ana. Enterneço-me com a amiga, embaraço-me com a obra que, agora, desdobra-se em recorrentes bilhetes, avisos, sinais. Sofro com a descoberta de uma anotação escrita no hospital pouco antes de sua morte:

estou sirgando
mas
o velame foge

> sirgando: puxando ou conduzindo uma embarcação por meio de cordas ao longo da margem.

Releio várias vezes um sem-número de cartas e...

Heloisa Buarque de Hollanda

singular e anônimo*

Para os mestrandos de Paris-III

Ao contrário do que propõe Roman Jakobson em esquema famoso e sempre citado, em discordância com o que pode caber na palavra "intransitiva" que Roland Barthes usou para defini-la, a linguagem poética existe em estado de contínua travessia para o Outro. Ela nomeia o leitor, como o fanático da alta-fidelidade indica o melhor lugar na sala para se apreciar convenientemente o som. "Se meu verso não deu certo, foi seu ouvido que entortou" — quem nos diz é Carlos Drummond de Andrade. Charles Baudelaire já nomeava o seu leitor no prefácio-poema às *Flores do mal*: "— Leitor hipócrita, — meu semelhante, — meu irmão!" T. S. Eliot, como se sabe, seguiu as pegadas de Baudelaire, recitando o verso em *The Waste Land.*

O poema, sem ser carta, sem ser carta aberta, abre no entanto lugar para um destinatário que, apesar de ser sempre singular, não é pessoal porque necessariamente anônimo. Singular e anônimo o leitor, ele não é todos como também não é uma única pessoa. O poema não é um discurso em praça pública para a massa indistinta, nem papo a dois confluente e íntimo, apesar de ser linguagem em travessia — aclaremos. Paul Valéry disse preferir um leitor que lê muitas vezes um poema a muitos leitores que o leriam uma só vez. Nada de elitismo aí, por favor. O poema não é fácil nem difícil, ele exige — como tudo o que, na

* Texto publicado na *Folha de S.Paulo* em 4 de novembro de 1984 e no livro *Nas malhas da letra*, Rio de Janeiro: Rocco, 2002, pp. 61-71. (N. E.)

aventura, precisa ser palmilhado passo a passo. Não se avança sem contar com o desconhecido e o obstáculo. A escalada da leitura. As exigências para a leitura são as mais variadas e múltiplas, o poema que as nomeie com clareza e destemor. Porque, nomeando-as, abre-se a linguagem para a configuração do leitor.

Ana Cristina Cesar institui dois protocolos simultâneos e semelhantes para que o leitor atue com proveito mútuo na cena da sua poesia.

O primeiro protocolo se situa no nível do conhecimento e do reconhecimento que de sua obra estavam fazendo os companheiros de geração (que aparece sob a forma de um depoimento pessoal no livro *Retrato de época*). O segundo protocolo se enuncia no próprio corpo de seu livro de poemas *A teus pés*, quando o texto desalimenta (quer dizer: desestimula a progredir a leitura) o leitor, desalimenta e desmistifica os equívocos do que podemos chamar de leitor autoritário. É leitor autoritário o que enfrenta as exigências do poema com ideias preconcebidas e globalizantes. Um poema exige pouco e muito: olhos abertos e, entre tantas outras coisas, paciência e imaginação.

leitura de vara curta

Em depoimento a Carlos Alberto Messeder Pereira, encontrado em *Retrato de época*, Ana Cristina não só chama a atenção para duas linhas que constituem a sua poesia e que nela se constituem, como ainda comenta o equívoco de leitura que este caminho que se bifurca ia sendo produzido pelos seus pares. Cita o exemplo do poeta e crítico Cacaso, amigo também, com quem mantinha discussões permanentes:

> ... uma vez, eu li [para Cacaso] um poema meu que eu tinha adorado fazer [...] e o Cacaso olhou um olho comprido [...] leu esse poema e disse assim: "É muito bonito, mas não se entende [...] o leitor está excluído". Aí eu mostrei também o

meu livro pro Cacaso [...] e ele disse: "Legal, mas o melhor são os diários porque se entende... são de comunicação fácil, falam do cotidiano".

Cacaso se enganava ao acreditar que num grupo de poemas (os que chamava de poemas difíceis) estava "excluído o leitor", enquanto no outro grupo, o de "comunicação fácil", o leitor se aproximava do texto sem cansaços, entendendo-o, já que não se sentia alijado do seu bojo.

Num e noutro caso, o leitor está, por assim dizer, *incluído*. A linguagem poética nunca exclui o leitor. Com o seu depoimento, Ana Cristina parece apontar para Cacaso o fato de que — ele próprio, Cacaso — é que se excluía *voluntariamente* dos poemas do primeiro grupo no movimento da sua leitura. Às vezes o leitor não é feito para certos poemas, assim como muitas vezes não fomos feitos para quem, no entanto, queremos amar: "... foi seu ouvido que entortou", ecoa o verso.

A dicotomia *fácil* e *difícil* (tão daninha nestes trópicos de sombra e água fresca) não existe para quem tem a força de sobrecarregar de significado a linguagem para que ela viaje (significativamente) em direção ao outro, para que ela sempre se organize e se libere pela dinâmica da travessia. O importante, insistia Ana Cristina no depoimento, é que era "um poema que [ela] tinha adorado fazer". A dicotomia citada só existe (e são eles que, em geral, a estabelecem — é claro) para os que abandonam a viagem, pulam do trem em movimento com medo de uma pedra que vislumbram no meio do caminho, ou simplesmente porque a curiosidade é curta. Ficou "difícil" continuar no trem, põem-se as mochilas nas costas e se dão por terminadas as "impressões de viagem", para usar a metáfora tão reveladora de Heloisa Buarque de Hollanda.

Um sertanejo diria — em ajuda de Ana Cristina —, diria apropriadamente que é arriscado cutucar boi brabo com vara curta.

Os chamados textos fáceis (os verdadeiros, faço a distinção) não conseguem impulsionar a linguagem ao infinito da travessia (seriam eles poemas?), reduzidos que sempre ficam a uma viagem cujo percurso é passageiro e batido, embora às vezes acidentado e útil, como, por exemplo, quando se empenham num processo de conscientização. Trens suburbanos — se permitem.

desestimular para massagear

Parece que esse desestímulo à leitura equivocada do poema, que se escuta na fala de Ana Cristina a Carlos Alberto, é o melhor estímulo para que prossiga a leitura, que não é feita só de sucessos (caso em que uma simples vista d'olhos pelo texto seria suficiente), mas quase sempre de fracassos mais ou menos confessados. Uma bela interpretação, vistosa como roupa domingueira, o é graças à habilidade que teve o intérprete em camuflar os becos sem saída que, no entanto, apontaram para o bom caminho finalmente trilhado.

Assinalando o fracasso que existe na leitura, ainda que esta seja de um "bom leitor" (assim Ana o tratava) como Cacaso, o poeta dá uma massagem revivificadora no processo de conhecimento da obra. A morte de todo e qualquer poema se encontra na esclerose otimista (justa, imediata, apressada, pouco importa a qualidade neste estágio do raciocínio) da sua compreensão.

A partir da compreensão — agora a justa — o poema deixa praticamente de existir (semanticamente) por algum tempo, passando a circular no seu lugar o simulacro menos ambíguo e mais rigoroso da sua interpretação. Que cada um de nós tenha a sinceridade de dizer quantos "poemas" lemos menos pelo original do que pelo *simulacro*! Será que só assassinando o poema pelo simulacro é que um grupo de leitores pode estar de acordo quanto ao seu significado? Para que os leitores se congreguem em torno de algumas ideias comuns, é preciso que o poema desapareça, apagado pela imaginação restritiva do intérprete e dos seus seguidores. Uma leitura é sempre passageira porque é abrangente mas incompleta. Só quando se descobre a falácia do abrangente é que o poema renasce e a comunidade dos leitores é desfeita.

pessoal e intransferível

"Fica difícil fazer literatura tendo Gil como leitor" — comecemos a ler um trecho no final da *Correspondência completa*, longo poema-carta de Júlia, endereçado a "My dear".

Dizendo que é difícil fazer literatura *para* Gil, o poema nos diz que ele não existe para um leitor de nome próprio. O leitor, quando nomeado poeticamente, é anônimo, é aquele a quem realmente foi endereçado o poema: "My dear" — hipócrita, semelhante e irmão. No poema citado, o leitor não tem e não pode ter nome próprio. O leitor se dá nome, isto é, personaliza a relação poema-leitor, quando ele próprio, leitor, se alça ao nível da produção dita pública (papo, artigo, livro, sala de aula, conferência etc.), nomeando a si como tal, assinando, responsabilizando-se. Quanto da assinatura do poeta não se apega na assinatura do leitor (crítico, professor, exegeta etc.).

Ana Cristina sabe o perigo que existe para o poema e para o *seu* poema quando o leitor chega a assinar o nome próprio dele, interrompendo num ponto de parada a travessia infinita a que o convidara ininterruptamente a linguagem poética.

Tendo passado pelos bancos das letras universitárias, Ana tinha mais agudamente do que a maioria dos companheiros de geração a fobia da explicação otimista e vencedora, convincente e lógica, redonda e massacrante, que existe em toda leitura bem-sucedida de um poema, para retomar o já assinalado acima, agora em outra perspectiva. Como uma assinatura, uma leitura não é transferível, sob o risco de falsificação ou imitação barata. Você endossa uma leitura quando dela se apropria, atestando a sua qualidade e fidelidade ao original, assumindo a propriedade dela.

Será que se pode facilitar a leitura (como se ela não fosse tecida em cima de fracassos!) ao se apresentar didaticamente (como ensinar o fracasso?) o poema? — é a pergunta e as dúvidas que nos ficam depois de uma aula. A melhor. Em didática tradicional, o que se pede não tenhamos dúvida — é o endosso do aluno à assinatura oral do professor. A didática moderna é apenas mais ilusória, incorrendo na falácia do coletivo, ao acreditar que se pode fazer uma leitura com a fita durex que emenda as impressões mais acertadas (de que ponto de vista?) e as mais díspares dos alunos.

Nem um único nem todos.

Qualquer, desde que enfrente as exigências: singular e anônimo. Personificado passageiramente com o nome próprio, o leitor avança um desejo, isto é, projeta-o como dominante e asfixiante do objeto, daí que a percepção do processo de leitura por parte do poeta seja sempre vista como castração no potencial das ambiguidades, das dissonâncias, dissonâncias estas que alimentam a perenidade do poema. Quanto mais avança o leitor, mais retrocede o poema. O poema, nessa marcha e contramarcha, passa a dar corpo e voz ao desejo do outro, do semelhante e irmão, hipócrita. Como dar corpo e voz ao desejo de todos? Não é tornar indiferenciado o que, por definição, é singular? A leitura na sala de aula se alimenta da mesma ilusão que existe no mito da grande *star*. Encarnação do indiferenciado desejo coletivo, ela não pode ser carne nem é corpo, volátil como a imagem que se desfaz ao passar as páginas de uma revista, ao soar a hora do recreio.

Ensina-se — isso sim — a estrutura de um poema, com quantos paus se faz uma canoa, da mesma forma como se desvela o esqueleto de um corpo numa plancha anatômica, sem nunca se referir ao funcionamento dele/nosso, à sua máquina caprichosa.

que fraternidade? que comunidade?

Retomemos a leitura onde a deixamos:

> Fica difícil fazer literatura tendo Gil como leitor. Ele lê para desvendar mistérios e faz perguntas capciosas, pensando que cada verso oculta sintomas, segredos biográficos. Não perdoa o hermetismo. Não se confessa os próprios sentimentos. Já Mary me lê toda como literatura pura, e não entende as referências diretas.

O terreno em que se alicerça o poema de Ana Cristina é o da cumplicidade inimiga, das relações, ambivalentes na ternura: nem Gil nem Mary, os dois, em posições diametralmente opostas e complementares. Cada um tem razão não a tendo inteiramente. O equívoco deles é pensar que a razão própria (de cada um) é global, globalizante, totalitária. O poema sempre escapa aos olhos assassinos de leitores asfixiantes, escapa com uma pirueta pelo avesso.

Gil e Mary se complementam desentendendo-se em princípio sobre o que é a poesia, nos diz o poema, e completamos: se desentendem como novos Esaú e Jacó. Somos todos "irmãos", mas, como somos também "hipócritas", estaremos sempre criando uma comunidade (de "semelhantes") em cima — e não por cima — dos desentendimentos, dos desentendidos e das traições.

Que seria do poema se todos (a fraternidade dos leitores) endossássemos uma única leitura para sempre? Haverá forma mais profunda e radical de pensamento fascista? É este o problema capital que todo poema coloca emblematicamente: como compor com o singular e anônimo o coletivo, sem se recorrer à uniformização, sem se valer da indiferenciação? Como constituir uma comunidade onde reine a justiça sem amassá-la? Para tal é preciso que apenas a imaginação fique no lugar singular e anônimo do poder.

Alerta-nos Carlos Drummond na sua utopia de *A rosa do povo*:

um jeito só de viver,
mas nesse jeito a variedade,
a multiplicidade toda
que há dentro de cada um.

A maneira como Ana Cristina acredita poder lutar por "um jeito só de viver", mas abrindo-se ele para a "variedade" e a "multiplicidade" do singular e anônimo, está no desejo de passar, pela linguagem poética, a *ternura*. Não é o que o poema que estamos lendo tenta apaixonadamente (e em vão) passar, o mesmo poema que fala do desentendimento entre "irmãos":

Não estou conseguindo explicar minha ternura, minha ternura, entende?

Quando o texto tematiza apenas os bons sentimentos, o poeta escapa pela tangente. Mas é preciso tentar. "Eis se ergue o vento!... Há que tentar viver!" — diz Paul Valéry na tradução de Jorge Wanderley. As forças se exaurem. O poema se escreve. A morte não é o cansaço da força? Não é o que nos diz Guimarães Rosa na metáfora do pai-remador que é levado a abandonar a instabilidade estável da "terceira margem do rio" quando forças não tem mais para remar contra a corrente? Desce rio abaixo, inerte na canoa, até o mar: "Nossas vidas são os rios/ Que vão lançar-se no mar/ Que é o morrer" — prolonga Guimarães Rosa o espanhol Jorge Manrique na tradução de Rubem Amaral Jr.

Quando as forças se esgotam, está finalmente escrito o poema. Abandonado. Morto. Ainda que a "ternura" não tenha sido de todo explicitada ao outro (ela o será algum dia?), ainda que a fraternidade (pura, transparente, global, utópica) não tenha sido conseguida. No poema e na morte, o homem encontra a única forma conhecida e justa de uma comunidade que respeita o singular e o anônimo. A redenção de um e da outra se encontram, respectivamente, no prazer fecundo da leitura e no prazer fecundo da procriação. Aí está toda a precariedade do permanente — a da poesia e a do ser humano.

Poema (e leitura), morte (e vida) existem como bastão numa corrida de revezamento. Em travessia pelo possível nosso de todos os dias e todas as noites.

nem detetive nem vestal — os dois

Gil quer desvendar o poema a partir do desejo do outro, vicária e parasitariamente, e não compreendê-lo a partir do seu próprio desejo. Gosta de acumular sem gastar.

Gil é o leitor medroso de se afirmar, de quebrar a barreira que interdita o outro, de transgredi-la prazerosamente em favor de uma comunhão/combustão. Tem medo de avançar como sua (na leitura) a obra do outro. Gil é o leitor que se fixa na alteridade que separa o sujeito do objeto, guardando a distância dita objetiva. Esquece-se de que, no ler, busca-se exatamente a maneira de se identificar com o outro, guardando no entanto os próprios sentimentos, a individualidade, a intimidade.

Por isso Gil se esconde na aba do autor, mascarando-se de detetive de história em quadrinhos. Fica esquadrinhando todo canto e recanto do poema (com a lente na mão), à procura de uma pista que lhe revele o autor, quando o problema da leitura não é o autor, mas ele próprio, leitor, e as melhores pistas para a resolução desse mistério só podem estar é nele. Inapelavelmente.

Gil está certo no princípio (todo poema guarda sintomas e dados biográficos), mas errado : na solução: "lê para desvendar mistérios". A poesia não é mistério que se resolve com "perguntas capciosas" feitas ao autor, nos diz Ana. Se a condição da leitura é a da alteridade transgredida, a sua essência só pode ser o "*hermetismo*". (Aliás, Gil "não perdoa o hermetismo", relemos no poema.) E, em hermetismo, frisemos o lado fechado, aprisionado, indevassável, o lado vagão fechado e lacrado desse trem em constante travessia para o outro. Onde a chave?

Vamos tomar chá das cinco e eu te conto minha grande história passional, que guardei a sete chaves...

À curiosidade insistente e daninha do ouvinte, que, à semelhança de Gil, lhe pergunta se se trata de "mais um roman à clé", a contadora de dramas pessoais se recolhe:

Eu nem respondo. Não sou dama nem mulher moderna.

Para quem quiser entrar no segredo fechado a sete chaves do passional (que, no entanto, foi liberado pelo poema), é preciso incorporá-lo, apropriá-lo, diz o final do poema. Só ao que ocupa o espaço do poema como seu, só a ele é que o poema "passa o ponto e as luvas". O passional, no poema, não é simples efeito de confissão. Se o fosse, diante dos confessionários, pelas igrejas do mundo, estariam se esparramando obras-primas.

Para penetrar no poema (para ressuscitá-lo no túmulo da escrita), é preciso tomar posse dele, é preciso avançar a própria força transgressora de leitor, abrindo o caixão fechado a sete chaves, permitindo que a linguagem exista como é — em travessia para o outro. É preciso desavergonhadamente abrir brechas e janelas por onde deixar desejo e ar circularem de novo no recinto hermeticamente fechado e até mesmo mofado pelo tempo, tempo que é a condição do perene.

Não custa insistir: quem se exercita na leitura não é o autor (ele já deu o que tinha de dar na concretização do poema), mas o leitor. É este que dá vida à morte, Gil se subtrai e, ao se subtrair, não encontra as boas pistas — não as que resolvem o mistério do autor, pois mistério não há, mas as que servem para abrir o hermético de cada um. O prazer fecundo da leitura.

Gil "não se confessa os próprios sentimentos", eis a razão do problema. Incógnita para si, busca mascarar o receio e a vergonha que tem de si com a coragem maldosa de interpelar o outro sobre a intimidade dele, com a curiosidade que escarafuncha os sintomas e a biografia do outro. Tudo o que está aqui já está em você, só que você não sabia, e é por isso que está me lendo, senão não precisaria me ler — lhe diz Ana Cristina. Os sintomas e os dados biográficos existem, mas — quando em travessia pela linguagem poética — são os de todo e qualquer, porque o poema consegue falar para o singular e o anônimo, desde que este tenha a coragem de ser leitor. De ser cidadão.

Já Mary toma *hermetismo* ao pé da letra: o poema é indevassável ao leitor como uma doutrina esotérica. É preciso se iniciar diante do que, por mais que nos adentremos, não perde a condição de enigma a desafiar infinitamente a curiosidade do homem. Como Gil, Mary está certa no princípio (o poema certamente coloca exigências para os que dele querem fruir), mas errada na maneira como generaliza tal princípio, como que mitificando o que existe de *literário* no poema (mas não só de literário vive um poema, poderia lhe dizer um Gil mais lúcido). Assim sendo, o poema só pode ser para ela "literatura pura": "me lê toda como literatura pura", diz, o poema.

Por isso é que Mary "não entende as referências diretas". São estas que rompem o processo de mitificação do literário pelo literário, rompem o círculo vicioso, corroendo-o, instaurando a possibilidade, na leitura, de uma "comunhão". As referências diretas, como vimos atrás, tanto se referem ao autor quanto ao leitor; já a alteridade, na linguagem poética, existe para ser transgredida, para ser compreendida pela cumplicidade na ternura.

Mary monumentaliza o poema, mascarando-se — à sua porta — de vestal e guardiã e, portanto, mantendo com relação a ele uma atitude subalterna, asséptica e resguardada. Morrerá virgem como o monumento.

Ao monumentalizar o poema, resguarda-o também do comum dos mortais. Este passa por ele — nem mesmo ousa levantar os olhos — em atitude de reverência, respeito e medo. Cabeça baixa, sabe o leitor — a vestal e guardiã lhe significa isto — que, tocando o monumento (ou pisando a grama dos nossos jardins ditos públicos), o cidadão é passível de multa.

Pela primeira vez infringi a regra de ouro e voei para cima sem medir mais as consequências. [...] é agora, nesta contramão.

Silviano Santiago

inéditos e dispersos*

Ana Cristina encarava a modernidade. Talvez por isso tenha morrido cedo — pura passagem permanente — muitas asas e um desdém pelo que poderia ser raiz. O lugar que ocupa é na linha do horizonte — virtual e veloz.

Seu verso, que pertence à vertente cultivada da geração que apareceu em 1970, é, hoje, pedra de toque para toda a poesia que se quer nova; com seus motivos e matizes estilizados que se deixam acompanhar, ao fundo, por uma brusca e inusitada melodia que parece ter sido feita pela mistura de cristais, heavy metal e tafetá.

A obra é breve, um cinema essencial, e depressa. Morria de sede no meio de tanta seda. Nunca nos esquecemos de sua paixão acesa e seca. O que mais queima: a pedra de gelo ou o ferro em brasa? Vulcão de neve. Ela não foi — ela fica — como uma fera.

Armando Freitas Filho

---

* Quarta capa publicada na primeira edição de *Inéditos e dispersos*, da Editora Brasiliense: São Paulo, 1985. (N. E.)

introdução à primeira edição*

Os leitores devem este livro a Maria Luiza, mãe de Ana, e a Grazyna Drabik. Foram elas que fizeram o difícil trabalho de confrontar versões, muitas delas manuscritas, e de datilografar, com a ajuda de Marilse Oliva, o material apurado. A diagramação, escolha de iconografia e capa são de responsabilidade de Cecília Leal. A mim coube dar título à obra e selecionar, na compilação feita, e dentro dos limites desta edição, aquilo que me pareceu, literariamente falando, mais conseguido e acabado. Todas essas tarefas foram realizadas com o apoio e o conselho de Waldo Cesar.

A morte repentina de AC fez com que tudo o que se relacionasse a ela ficasse em suspenso, indefinido. Sensações incompletas, daí derivadas, acompanham por isso mesmo, como marca de estilo e de vida, os escritos (principalmente os da última fase) aqui coletados. Os próprios critérios que adotei, para editar os originais de sua poesia e prosa inéditas, sofreram desta influência e, com certeza, refletem esta condição.

Nossos sentimentos de amor, também, como não poderia deixar de ser, estão, até hoje e para sempre, interrompidos no vazio, sem a resposta a que estávamos acostumados, e isto é irrecuperável e dolorosamente existente. Este volume pretende ser, contudo, um arremedo de resgate e consolo para que, num âmbito mais amplo, a ausência de Ana Cristina permaneça viva através de seu texto emocionante. Temos saudade.

Armando Freitas Filho

---

* Texto publicado na primeira edição de *Inéditos e dispersos* (São Paulo: Editora Brasiliense, 1985). (N. E.)

duas ou três coisas que eu sei dela*

1

A poesia de Ana Cristina Cesar lida com os mesmos elementos das outras que surgiram, no Rio, nos anos 70: o tom coloquial, a experiência imediata e cotidiana captada através de uma escrita sem aura, instantânea, longe das dicções solenes, sisudas e premeditadas da literatura em geral e das vanguardas estabelecidas e dogmáticas.

A prioridade volta a ser pelo semântico, e se conteúdo e forma são mesmo indissociáveis, aquele é que determina esta. O resultado que daí advém é o de um texto quase sempre na primeira pessoa, confessional, que está próximo do formato do "querido diário" adolescente, que dialoga com um interlocutor mutante, misto de pessoa e personagem.

Parece, também, que as escrivaninhas foram abolidas e o "lugar" onde essa escrita se cria é num laptop no qual não se digita, mas se escreve à mão, com garranchos, sem separar muito o verso da linha da prosa, com o rascunho prevalecendo ao passado a limpo. Mais do que a poemas isolados, essa estratégia dá relevo e importância a uma poética.

---

* Texto publicado no *Jornal do Brasil* em 29 de outubro de 1993, por ocasião do 10º aniversário de morte de Ana Cristina Cesar, e na segunda edição de *A teus pés*, pela Ática, São Paulo, 1998. (N. E.)

do diário não diário "inconfissões"

17.10.68

Forma sem norma
Defesa cotidiana
Conteúdo tudo
Abranges uma ana

2

O formalismo a rigor é confrontado com um à vontade de outro figurino, composto de camiseta, jeans e sandália. O problema é que esse vestuário, pouco a pouco, vai perdendo sua naturalidade e improviso. Ana Cristina procura variações e incrementos inesperados fugindo da paralisia e da autocomplacência da moda, do que iria ficar datado, evitando, por exemplo, o poema-piada-minuto, mal ressuscitado e obrigatório. Um dos seus expedientes mais pessoais era praticar uma cleptomania estilística, ousada além dos limites, que abre e agrega, a sua linguagem e indumentária, com a mão ligeira do descuidista, marcas inusitadas. E via corte, colagem e costura faz, com o ganho, uma produção imprevista que transcende, por isso mesmo, o mero registro dela e do campo de sua ocorrência.

O documento íntimo, o diário puro e simples, entra por um desvio que o afasta da mesmice, do formulário contínuo dos dias, por intermédio de interrupções súbitas, incorporações silenciosas, secretas, sub-reptícias, quando o inacabado ganha um ponto final arbitrário e irreparável, mantendo a sensação e o sentido do que se lê em suspenso. O transitório, ao perder sua fluidez, cristaliza o banal que adquire um caráter "singular e anônimo", como diz o belo e preciso título do excelente ensaio que Silviano Santiago dedicou a aspectos da obra de Ana C., e que, por si só, define toda uma poesia, toda uma concepção de arte e de comportamento.

Concepção e comportamento que são pop, lembrando os procedimentos de um Andy Warhol. Os gestos de apropriação se assemelham, misturam indiferença e interesse, mais ardor de gelo do que de chama, e, principalmente, são insubmissos à tentação e à tirania do repertório clássico e previsível da beleza, que é vista no processo e não no objeto que, dentro da convenção, tenta ilustrá-la.

Como terei orgulho do ridículo de passar bilhetes pela porta.
Esta mesma porta hoje fecho com cuidado; altivo.
Como não repetirei, a teus pés, que o profissional esconde no índice onomástico os ladrões de quem roubei versos de amor com que te cerco.
Te cerco tanto que é impossível fazer blitz e flagrar a ladroagem.

3

"Escrevo in loco, sem literatura", afirma A. C. em texto inédito. Esta frase sucinta revela toda sua práxis de escritora. Quem escreve assim, situada e sitiada pela contingência, entre "ficção e confissão" — expressão de Antonio Candido que dá título ao seu famoso estudo sobre Graciliano Ramos, aplicável também aqui, só que em ordem inversa —, tem que "desentranhar", seguindo a lição de Manuel Bandeira, do corpo geral e cotidiano da prosa e da fala, o poético que se descobre.

Os raros que possuem esta percepção sabem que a poesia nesse estado de latência somente se deixa surpreender em plenitude quando a violência que reduz sua quantidade, paradoxalmente, amplia e concentra seu extrato, seu leque de significados, o número de suas raízes, agora expostas, como as de uma planta que se arranca do vaso. E que está sempre pegando de muda, variando no vento das releituras que propicia.

Tal como faz, com perfeição e brilho, Ana Cristina Cesar, que sabe como ninguém desentranhar o múltiplo e o estranho:

Não está morrendo, doçura.
Assim como eu disse: daqui a dez anos estarei de volta.
Certeza de que um dia nos reencontramos.
Doçura, não está morrendo.

Barca engalanada adernando,
mas fixa: doçura, não afoga.

Armando Freitas Filho

os dias ficam*

Só consigo falar de Ana Cristina pegando-a no meio da vida. E aí fico entre o ataque de riso com suas histórias, e aquela sensação de incômodo, de não saber bem lidar com o problema, puxando do fundo do estômago uma coisa que pudesse ou interessá-la ou acalmar sua aflição, ou as duas coisas ao mesmo tempo. Creio que ela também puxava do fundo do estômago o falso interesse ou a falsa tranquilização. Porque o que queria mesmo era que a gente tirasse o que não tinha, fosse donde fosse, para dar a ela.

O que era? Era a frase errada, que ela queria para botar no caderninho? Ou a gente era um espelho opaco em que se interrogava?

Perguntas. Ela se dava mesmo ao trabalho de tomar ônibus, vir de longe; ou telefonar em horas que não podia para perguntar. Você acha que estão falando mesmo de literatura? Será que não estão tratando de coisas que não tem nada a ver? Você acha que sabem o que é?

Era como se ela distinguisse você, como se só você soubesse dar respostas, mas o grau de insistência na questão falava mais da desconfiança em todo mundo, de seu mal-estar de estar talvez no lugar errado.

A primeira vez em que eu a vi, foi bancando a inglesa, com um chapéu de palha de ir a piquenique na relva sentada no fundo da sala de aula da PUC, a cabeça enterrada nos braços cruza-

* Texto inédito, escrito e lido por Clara Alvim na ocasião dos dez anos da morte de Ana Cristina Cesar. (N. E.)

dos, dormindo ou fingindo dormir solenemente, enquanto eu — recém-chegada de um doutorado estruturalista na França — tentava uma abordagem greimasiana de algum autor da literatura brasileira de que não me lembro, no quadro-negro.

Fui mudando o curso de mansinho e, de vez em quando, olhava com o canto do olho lá para o fundo da sala, vendo que ela levantava também, aos pouquinhos, a cabeça. Era uma espécie de atração irresistível, porque eu pensava: essas meninas da PUC são umas esnobes, só pensam em se vestir. Mas não aguentava a censura daquele sono, que só despertou mesmo quando eu propus trocar de método e de autor. Passamos a estudar Manuel Bandeira. Ana Cristina veio para a frente e, depois, não havia mais forma de sala de aula. Gostamos muito de analisar os grupos de poemas que cada aluno escolheu.

Acho que foi daí que nasceu nosso entendimento e a tranquila certeza que eu sempre senti em relação a sua inteligência, sensibilidade, originalidade excepcionais, embora nessa época — ela era ainda muito menina — Ana Cristina se dissesse insegura quanto a fazer um bom trabalho de final de curso. (Não sei se era mesmo menina, ou tão madura que forjava paciência de parecer menina quando lhe convinha.)

Isto se passava em 1971. Em maio de 1976 — eu já morando em Brasília — Ana me escreve depois de conversa pelo telefone: "... quer fazer o favor de abrir a página 118 de *Estrela da Vida Inteira* e reler a 'Virgem Maria'? Sabe que eu não sabia naquela época, mas não há como o Bandeira? (Eu só sabia na infância, depois pendi pro chato do Carlos, que me cravou unhas, não dentes.) Mas vá lá, lê o poema que é para ti, com minhas dedicatórias, que eu espero até amanhã".

Relendo agora esta carta, tresli o poema indicado para as horas de severas depressões:

a virgem maria

O oficial do registro civil, o coletor de impostos, o
mordomo da Santa Casa e o administrador do Cemitério
de São João Batista
Cavaram com enxadas
Com pás
Com as unhas
Com os dentes
Cavaram uma cova mais funda que meu suspiro de renúncia
Depois me botaram lá dentro
E puseram por cima
As tábuas da lei

Mas de lá de dentro do fundo da treva do chão da cova
Eu ouvia a vozinha da Virgem Maria
Dizer que fazia sol lá fora
Dizer insistentemente
Que fazia sol lá fora

De aluna para amiga, como? Não lembro. Mas sei que ela conservou a posição de mais moça pra mais velha, que lhe permitia o livre trânsito no meu cotidiano matinal ou vespertino em casa, com meus filhos pequenos, nas praias de domingo em Ipanema, na sala de estudos dos professores, na PUC, onde ela aparecia nos intervalos das aulas, nas conversas, debaixo das jaqueiras da PUC, com Cacaso e Vilma Arêas.

Mistura de disponibilidade e vontade segura para ir às reuniões em casa de Cacaso e conhecer os poetas da Coleção Frenesi, Helô (Buarque de Hollanda) e outros e outras mais, e enorme fragilidade, ao se ferir sério com os desencontros, ironias, portas fechadas daqueles anos 70 meio perversos.

Eu era às vezes o porto seguro do dia seguinte ou de dois dias depois, quando a somatização já houvesse melhorado.

Riso e choro naquelas narrativas detalhadas da fisiologia dos desencontros e desadequações.

Certa manhã, vi que as pestanas louras de um de seus olhos tinham ficado brancas. Achei que era uma marca que a assinalava, mas se tratava de uma das muitas respostas que o corpo dava às suas aflições. Pra me tranquilizar das minhas, repetiu, um dia, sentença materialista de seu médico homeopata: "...quando o cérebro dispara a bexiga acompanha. Ou compensa, sei lá".

O tempo fecha.
Sou fiel aos acontecimentos biográficos.
Mais do que fiel, oh, tão presa! Esses mosquitos
que não largam! Minhas saudades ensurdecidas
por cigarras! O que faço aqui no campo
declamando aos metros versos longos e sentidos?
Ah que estou sentida e portuguesa, e agora não
sou mais, veja, não sou mais severa e ríspida:
agora sou profissional.

(de *A Teus Pés*)

Autobiografia, biografias, correspondências, fotos, confidências. Observação de sua própria vida e da dos outros com a cientificidade, autoferocidade do exame minucioso pelo espelhinho mencionado no poema. Incrível a persistência e a rapidez com que Ana procurava e encontrou o caminho que a levava a seu objeto — a literatura: o exercício de dizer o inconfessável, ou o inconfessável na ginástica de se dizer. Aí seus desenhos acompanham e guiam sua procura. O que é o que é? A chave escondida em um lugar tão fácil, tão óbvio, que você não dá por ela.

O esforço para não dizer dizendo, o ciframento de todo dia, sobretudo nas mulheres — como a forma literária.

O caminho de Ana é parecido com o de Manuel Bandeira para chegar a poemas como "Maçã".

Falando na gênese de seu interesse pelo conto "Bliss", de Katherine Mansfield, ela destaca a observação de Cristopher Isherwood de que, naquela autora, "ficção e autobiografia constituem uma única e indivisível composição".

Fundir uma à outra para confundir o leitor e, assim, arrancar a literatura da vida e o leitor da vida para a ficção:

Hoje sou eu que
estou te livrando
da verdade.

(de *A Teus Pés*)

Acho que era essa relação engraçada de esconde-esconde com o leitor — a desfaçatez de o enganar (para que o bom leitor aprenda a se desenganar) e que encobre a descoberta de uma lei organizadora como a que Roberto Schwarz encontrou em Machado de Assis — o parentesco que a deixava fascinada com o autor de *Quincas Borba*.

Brincadeira, exercício, ficção — o gosto de Ana pelas fotografias. Não raro ela grampeava, ao lado da assinatura nas cartas, uma bem pequenininha: sua presença, imagem.

Tenho umas, tiradas quando veio a Brasília, em 1977, de dentro do carro. Duas de mim, tiradas por ela (que se gaba atrás das fotos); duas dela, gloriosa. Escreveu atrás, com exclamação: Clara tirou! Me disse em carta que, sem querer, identificava a literatura à pose ou ao fetiche.

Considero importantíssimo o seu trabalho — menos conhecido — *Literatura não é Documento,* dedicado a Cecil (como ela chamava Cecília Londres) e a Helô. Na introdução explica que seu objeto de pesquisa não são propriamente os filmes documentários sobre os autores ou obras literárias produzidos no Brasil, que pesquisou, "mas sim os conceitos ou representações do literário que estes filmes, explícita ou implicitamente, acabam utilizando". Como articulariam esses filmes a sua definição de literatura, sua visão do autor literário a determinados projetos político-culturais? É a questão que Ana Cristina se propõe examinar, e que é enormemente reveladora — em relação ao essencial da produção cultural do período abordado, e em relação a seu permanente interesse em encontrar a literatura: o destacar-se do real e confundir-se com ele, produzindo a ficção, aqui, justamente apreendida pelo e no cinema documentário.

No capítulo "Desafinar o Coro", em que localiza filmes diferenciados no interior da produção de documentários sobre a literatura, explica, com exatidão, a diferença — o que procura.

Reproduzo o texto:

> A diferença se introduz no momento em que o cinema recua da posição onipotente da aula, da comprovação, da reduplicação, da naturalidade. Não há registro objetivo, mas manipulação, leitura, recorte — a diferença se introduz a partir desse reconhecimento. Muda a relação com o objeto "autor" ou o conceito subjacente de "literatura". A diferença se produz no sentido inverso do documentário. Ao invés de expor, explicar, naturalizar, poderá então subjetivar, metaforizar, silenciar, encenar, ignorar, ironizar ou intervir criticamente nos monumentos, documentos ou outros traços do museu do autor; recusar a erigir esse museu; assumir a parcialidade de toda leitura; buscar uma analogia com o processo fragmentário de produção do literário; mencionar o próprio filme, tornar consciente a intervenção, referir-se à feitura cinematográfica; desbiografizar, como que desfazendo a complementaridade

sadia entre vida e obra: há tensões neste jogo, e tensões que não limpam a função documental, com todo seu poder de registro verdadeiro, mas se fazem em seu interior.

Ana ficou comigo até o final do dia de minha mudança do Rio para Brasília, em 1976 — entre caixotes, carregadores e serragem. Eu lhe dava conselhos fundíssimos antes de partir, em que ela, comicamente, prestava atenção. Aflição.

Em cartas, me contava, depois, seus estudos com Cacaso e com Helô. Sua produção. O gosto e o desgosto pelo trabalho. A crescente segurança no que a interessava realmente.

Guardo Ana Cristina em seus melhores momentos.

Clara de Andrade Alvim
26.10.93

o quarto augusto

*Rio de Janeiro, 1979**

A primeira vez que vi Ana Cristina Cesar foi numa reunião de jornalistas e intelectuais no apartamento de Julio Cesar Montenegro, no bairro do Humaitá, no Rio. O ano era 1977, eu tinha 21, ela 25.

O objetivo do encontro era discutir a criação de um jornal alternativo que se chamaria "Beijo", título que não lembrava em nada os dos semanários politizados e progressistas daqueles tempos, como "Movimento" ou "Versus".

Fui à reunião a convite de Ítalo Moriconi Jr., amigo de curso de letras da PUC — eu na graduação, ele na pós — e de movimento estudantil. Eu fazia parte de uma corrente que começava a ganhar posições do Partidão nos diretórios acadêmicos da universidade.

À sombra desse grupo atuava uma "organização de combate marxista-leninista" que, na definição de um amigo divertido, era "estupidamente de esquerda".

Basta dizer que rejeitávamos a palavra de ordem "pelas liberdades democráticas" por ser burguesa. Acreditávamos que a ditadura cairia e daria lugar a um governo de transição para o socialismo. E, claro, éramos pelo voto nulo nas eleições que viriam em 1978.

Nisso estávamos em sintonia com os trotskistas da Liberdade e Luta, corrente relativamente forte em São Paulo, mas insignificante no Rio. Não por acaso, naquela noite, no apartamento do Humaitá, havia uma turminha da Libelu.

---

* Texto publicado na Ilustríssima, *Folha de S.Paulo*, domingo, 4 de março de 2012.

A maioria daquelas pessoas era formada por ex-colaboradores da seção de cultura do semanário "Opinião", que havia sido extinto. Montenegro era o provocativo e brilhante editor que havia atraído para o jornal uma turma esperta e sofisticada, bem diferente dos padrões da esquerdona cultural.

A ideia era encarar temas recalcados no debate de esquerda, como homossexualidade e repressão nos países socialistas. Eu, que já não aguentava o dogmatismo da militância, fiquei fascinado.

As pautas do "Beijo" eram aprovadas em "assembleias" nas quais votavam os cerca de 40 "diretores" do jornal — todos que venderam assinaturas para subsidiar a empreitada, que durou sete meses. Entre eles, Rodrigo Naves, Ronaldo Brito, José Castello, Kátia Muricy, Roberto Ventura, Waltercio Caldas, Paulo Venâncio Filho e Matinas Suzuki Jr.

Os meninos falavam bastante de Ana. E as meninas também. Que era bonita, culta e talentosa.

Com o tempo, fomos nos conhecendo. Em 1978 — ano de "Muito", de Caetano Veloso, e de "O Astro", de Janete Clair, que ela amava — começamos um namoro. Ela foi cursar o mestrado de Comunicação na UFRJ, com Heloisa Buarque de Hollanda, e me incentivou a fazer o mesmo.

Às vezes me sentia um bárbaro perto daquela moça de olhos azuis, educação protestante, angustiada, mas divertida e sedutora, que recitava Mallarmé em francês, lia Jack Kerouac e gostava de Roberto Carlos.

Entre licenças poéticas, ficamos até 1980, quando ela foi a Essex fazer uma pós em tradução. Morávamos em Copacabana, íamos à praia em Ipanema, passávamos fins de semana no sítio da família dela, em Penedo, ou na casa de Heloisa Buarque, em Búzios.

Em 1979, ela lançou seu primeiro livro, *Cenas de Abril*, numa fina edição de autor. Guardo o exemplar com a dedicatória, em tinta rosa, já borrada: "Com doçura, Ana C.". Dois poemas aludiam à nossa convivência. Um deles dizia: "Este é o quarto Augusto. Avisou que vinha. Lavei os sovacos e os pezinhos. Preparei o chá. Caso ele me cheirasse... Ai que enjoo me dá o açúcar do desejo".

Quarto Augusto?! Não gostei muito. O outro foi escrito por ocasião do Natal de 1978, quando ela foi me encontrar no apartamento de meus pais. Tinha comprado um sapato novo, "um bico fino que anda feio" e que a levava "indesejável pra perto das botas pretas".

Ana passou um ano na Inglaterra e voltou de cabelo curtinho, gostando do Police. Não retomamos. Nos encontrávamos de vez em quando pelo Rio.

Uma noite, num bar do Leblon, alguém disse que ela tinha entrado no mar à noite, numa suposta tentativa de suicídio. Pensei em visitá-la, mas a situação parecia complicada. Resolvi esperar.

Em 29 de outubro de 1983, ela se foi. No próximo dia 2 de junho Ana C. faria 60 anos. Como seria?

Esse texto foi escrito no início de 2012, após verdadeira perseguição movida por minha querida colega Raquel Cozer, para a seção "Arquivo Aberto", do caderno "Ilustríssima", da Folha de S. Paulo. *Hesitava em aceitar o convite por diversas razões. Acabei cedendo a mim mesmo quando me dei conta de que Ana C. faria 60 naquele ano e que o nosso relacionamento, do qual só guardo boas lembranças, já ia longe. Era mesmo alguma coisa que eu já poderia chamar de história de vida. Uma pessoa mal-humorada escreveu para a* Folha *repreendendo-me. Bobagem, não respondi. Depois que o texto saiu, vi que eu havia citado Jack Kerouac onde gostaria de ter mencionado Lawrence Ferlinghetti. Não muda muito, mas fica a correção.*

Marcos Augusto Gonçalves
19.08.2013

um verso que tivesse um blue*

Ana Cristina Cesar nasceu no Rio de Janeiro a 2 de Junho de 1952, filha de Waldo Aranha Lenz Cesar e de Maria Luiza Cesar. Menina loira, com o azul do mar e da melancolia no olhar. O velho Colégio Bennett rodeado de jardins, onde realizou os estudos primários, compôs uma paisagem primordial inspiradora da relação íntima com a cultura de língua inglesa que a levaria, já no fim da adolescência (1969-1970), a aproveitar um programa de intercâmbio em Inglaterra. Anos mais tarde, depois de se ter licenciado em Letras pela PUC do Rio, em 1975, e de ter concluído o Mestrado na Escola de Comunicação da Universidade do Rio de Janeiro (1978-1979) — de que resultaria o seu estudo *Literatura não é Documento*, publicado em 1980 —, Ana Cristina embarcaria de novo rumo à Universidade de Essex, onde receberia o título de Masters of Arts em Teoria e Prática da Tradução Literária, graças à tradução do conto *Bliss*, de Katherine Mansfield.

A voragem literária de Ana Cristina Cesar andou sempre a par do seu intenso empenho acadêmico, ideológico e político, acentuado pela difícil conjuntura que o Brasil em geral e os estudantes brasileiros em particular experienciaram nos últimos anos da década de 1970. Ao mesmo tempo que viajava pela América do Sul e pela Europa, com uma ânsia permanente de novidade cultural e humana que sempre caracterizou a sua *in-*

* Prefácio à antologia poética *Um beijo que tivesse um blue*, de Ana Cristina Cesar, organizada por Joana Matos Frias (Lisboa: Auasi Edições, 2005). (N. E.)

quietudo animi, a sua essencial insatisfação perante o mundo e a vida, Ana Cristina dedicava-se com toda a militância possível às grandes causas que atormentavam os jovens cariocas naquele momento conturbado. A sua energia era espantosa: em poucos anos, e ainda durante o curso de Letras, deu aulas de Português e de Inglês, levou a cabo uma pesquisa nos principais estados do nordeste do Brasil, e foi monitora da cadeira de Teoria da Literatura I, no Departamento de Letras da PUC do Rio de Janeiro. Foi já depois de completar a licenciatura que liderou um movimento de contestação estudantil contra o "peso da teoria" no curso de Letras, tendo chegado mesmo a escrever um artigo para o semanário *Opinião* — "o mais respeitável dos órgãos da imprensa alternativa", segundo Italo Moriconi —,[1] onde se posicionava contra os teóricos estruturalistas, cujo papel decisivo no avanço da reflexão literária e linguística se via naquelas circunstâncias distorcido e abafado por argumentos extrínsecos à própria atividade crítica e teórica. O rigor e a precisão sistemática com que os estruturalistas abordavam o discurso e o texto literário em particular eram constantemente desviados em função do contexto político opressor, o que fazia com que lhes fosse atribuída uma imagem deturpada de arrogância e intransigência intelectuais. A atividade jornalística de Ana Cristina, porém, não se limitou a esse artigo: entre 1975 e 1977, foi colaboradora da seção cultural do *Opinião*, do suplemento *Livro* do *Jornal do Brasil*, e do órgão efêmero dos intelectuais da altura, o jornal *Beijo*, tendo também publicado textos avulsos no *Correio Brasiliense* e nas revistas *Malazartes*, *Almanaque*, *Alguma Poesia*, *Veja*, *IstoÉ* e *Leia Livros*. Foi ainda consultora do Conselho Editorial da Editora Labor, e

1 Italo Moriconi, Ana Cristina Cesar — *O Sangue de uma Poeta*, Rio de Janeiro, Relume-Dumará, 1996, p. 25. Moriconi salienta ainda que o *Opinião* era "lido pelo segmento mais crítico, cosmopolita e escolarizado da opinião pública" (ibidem).

a sua atividade de tradução, encetada com o texto de Katherine Mansfield e com a poesia de Emily Dickinson e de Sylvia Plath, estender-se-ia a obras de Greimas e de Alberto Cousté.

O ano de 1976 assinalou a integração oficial de Ana Cristina Cesar numa geração literária, como aliás ela própria reconheceu em carta dirigida à sua amiga Cecília Londres, datada de 14 de Maio desse mesmo ano, ao constatar que era "engraçado estar participando ao vivo da 'história literária'".[2] 1976 foi o ano de publicação da célebre antologia *26 Poetas Hoje*, organizada e prefaciada por Heloisa Buarque de Hollanda, já então professora e amiga de Ana Cristina. A coletânea, além de marcar a estreia em livro de Ana C. — que se inaugurava com os poemas "Simulacro de uma Solidão", "Flores do Mais", "Psicografia", "Arpejos", "Algazarra" e "Jornal Íntimo" —, coligia pela primeira vez os versos de um grupo de jovens escritores que a história da literatura brasileira se encarregaria de relembrar sob a designação de *poetas marginais*. Ao congregar no mesmo volume autores como Ana Cristina Cesar, Antônio Carlos de Brito (Cacaso), ou Francisco Alvim, entre muitos outros, Heloisa Buarque de Hollanda visava fundamentalmente, segundo o que esclareceu duas décadas mais tarde, dar voz a "uma poesia aparentemente *light* e bem-humorada mas cujo tema principal era grave: o *ethos* de uma geração traumatizada pelos limites impostos a sua experiência social e pelo cerceamento de suas possibilidades de expressão e informação através da censura e do estado de exceção institucional no qual o país se encontrava" — "uma geração cujo traço distintivo foi exatamente o de ser coibida de narrar sua própria história", acrescentaria ainda no posfácio à terceira edição da antologia. Por isso Cacaso na época proclamava: "Isto não é um movimento literário. É um *poemão*. É como se todos

2 Ana Cristina Cesar, *Correspondência Incompleta*, org. Armando Freitas Filho e Heloisa Buarque de Hollanda, Rio de Janeiro, Aeroplano, 1999, p. 98.

estivéssemos escrevendo o mesmo poema a mil mãos".[3] Mas talvez tenha sido a própria Ana Cristina quem melhor sintetizou o que de fato unia aqueles vinte e seis poetas, cujas divergências estéticas eram apesar de tudo bem visíveis a olho nu. Ainda em 76, ao comentar um artigo de José Guilherme Merquior sobre as características da nova poesia, e depois de sublinhar que era impossível abordá-la sem deixar de ter em conta o momento histórico da sua produção, "a marca de frustração que o momento lhe impõe", Ana C. concluiria em jeito aforístico: "Tudo pode ser dito no poema, mas na realidade nem tudo pode ser dito".[4]

A urgência de falar e de dizer, num período de censura que limitava os meios e os modos da comunicação interpessoal, foi o primeiro impulso responsável pelo aparecimento de um *poemão* que, nadando contra a corrente da poesia concreta que dominara o final da década de 1950 e toda a década de 1960 no Brasil, voltaria a privilegiar o plano semântico — e nalguns casos pragmático — da linguagem, em detrimento do seu plano sonoro e visual. Os jovens escritores não repudiavam de forma definitiva os jogos de palavras que os irmãos Campos e cia haviam já praticado até à exaustão, e que aliás estão bem presentes na poesia de Ana Cristina Cesar, mas optavam por não os tornar gratuitos, mecânicos e previsíveis — os ludismos fonéticos surgiam agora na dose certa, uma colher de cada vez, mais remédio do que veneno. Nesses "negros verdes anos", na súmula de Cacaso, o grande objetivo dos escritores residia na criação de um lugar poético de resistência política e cultural, que contestasse de todas as formas possíveis qualquer linguagem institucionalizada integrante do sistema ditatorial vigente, qual-

3 Heloisa Buarque de Hollanda, "Posfácio" a 26 *Poetas Hoje*, Rio de Janeiro, Aeroplano, 1998, pp. 257 e 261.
4 Ana Cristina Cesar, "Nove Bocas da Nova Musa", *Escritos no Rio, in Crítica e Tradução*, São Paulo, Ática, 1999, p. 166.

quer padrão que dominasse o panorama cultural e ideológico imperante. A verdade é que esta postura a um tempo militante e marginal — mais marginal devido à dificuldade de edição e a uma certa antipatia por parte dos meios universitários, o que levava os autores a frequentarem circuitos alternativos — conduziu à recusa liminar, tanto da literatura classicizante que a geração de 45 reavivara, como das correntes experimentais das vanguardas pós-guerra que os concretistas representavam. Inspirados de forma variável, e nem sempre explícita, por autores como Fernando Pessoa, Manuel Bandeira, Oswald de Andrade, Carlos Drummond de Andrade ou Murilo Mendes, os poetas marginais acabariam por considerar como grande antecedente histórico da sua geração, mesmo que com algumas reservas, o movimento tropicalista protagonizado por Caetano Veloso e Gilberto Gil, o que de resto a própria Ana Cristina Cesar reivindicaria num texto de 1979 intitulado "Literatura Marginal e Comportamento Desviante". A rebeldia agressiva e a atitude de denúncia engagée que caracterizaram as primeiras canções de protesto dos artistas do tropicalismo, encabeçadas pela incontornável "Alegria, Alegria" de Caetano Veloso (1968), a par da defesa desse comportamento "desviante" e livre que rejeitava cinicamente os padrões de bom comportamento, quer no plano estético, quer no plano existencial, constituíam a própria manifestação de uma crise intelectual que se traduzia na apologia empolgada de uma contracultura com raízes no Maio de 1968, no cinema de Godard, nos *hippies* e na música dos Beatles e de Bob Dylan, e para onde convergiriam atitudes tão heteróclitas como o consumo de drogas, o exercício da psicanálise, a defesa do materialismo dialético e a libertação sexual. Além-fronteiras, só um grupo de escritores havia sido capaz de conciliar esta atitude existencial irreverente e excessiva, pontuada pelo culto do escândalo, com a criação de autênticas obras-primas: os beats norte-americanos. Apresentando uma obra que contava já com *Howl*, de Allen Ginsberg (1955), e *On the Road*, de Jack Kerouac (1957), esses *filhos da noite* eram o único exemplo vivo de um conjunto de artistas que, como resumiu Ana C. ao refletir sobre os poetas marginais, "levava as suas opções estéticas para o centro mesmo de suas experiências existenciais", pois haviam conseguido gerar um espaço artístico único, onde os limites da vida e da arte se fundiam.[5] Os *beats* tinham transmitido muito mais do que uma simples atitude de desafio e transgressão do sistema, associada a drogas e a posturas sexuais provocatórias: tinham injetado a sua liberdade existencial no seio do verso e da prosa, desoprimindo o poema e a narrativa de qualquer constrangimento métrico, sintático e lexical, abrindo assim os poros da língua, para que a sua pele pudesse respirar. A postura ética, erótica e estética de grande parte dos poetas marginais que se estrearam com Ana Cristina Cesar em muito se assemelhou à disposição *beat* para a vida e para a literatura: nos vários modos de subversão ideológica, por um lado, mas sobretudo nas opções poetológicas, a começar pelo debate teórico, onde também Ginsberg e os seus amigos se haviam insurgido contra o que consideravam ser o extremo academicismo de correntes como o *new criticism*, que, à semelhança do estruturalismo para Ana Cristina Cesar, se tinha transformado em símbolo adulterado de conservadorismo e portanto de aprisionamento intelectual. No plano da criação literária, os grandes objetivos dos poetas marginais passaram de igual modo pela entrada flagrante do quotidiano na literatura, quer através dos temas, quer através de uma linguagem coloquial e informal que não recuava perante o calão mais ostensivo, de acordo com um princípio regulador que Ana Cristina resumiria da seguinte forma: "Tudo pode ser matéria de poesia.

5 Ana Cristina Cesar, "Literatura Marginal e Comportamento Desviante", *idem*, p. 218.

Sem as obrigações iconoclastas do modernismo, a poesia 'pode dizer tudo'".[6]

A crítica tem sido unânime em isolar Ana Cristina Cesar dos restantes poetas marginais — uma marginalização que, afinal de contas, se torna inevitável perante qualquer grande artista que, justamente por ser grande, se distingue da geração que o viu nascer. Ana Cristina, astro trágico e excepcional da sua geração, gozou daquela ascendência saturnina que é sinal de destino incomum, e talvez por isso tenha desaparecido tão cedo, aos 31 anos, para que mais uma vez se cumprisse a lei que Menandro enunciou: *morrem jovens os que os deuses amam.* Marginal entre marginais, como o solitário Saturno afastado dos outros planetas, Ana Cristina Cesar deixou uma obra poética absolutamente singular no panorama da literatura brasileira do século XX. As leituras insaciáveis da adolescência e juventude, orientadas fundamentalmente para os escritores de expressão inglesa, foram deixando marcas-d'água que ajudaram a constituir a invulgaridade da sua dicção poética, que por tão invulgar dificilmente se tem prestado a epigonismos.

A própria Ana Cristina se referiu com frequência ao seu impulso intertextual crônico, que designava alternadamente como "vampirismo" ou "ladroagem". Em primeiro lugar, o conhecimento aprofundado de John Donne e dos metafísicos ingleses propiciou-lhe uma depuração impressionante do erotismo a roçar o pornográfico que dominava a poesia dos seus coetâneos, e que no seu caso foi mediado pela elocução altamente intelectualizada de composições como a elegia "Going to Bed" de Donne, que Augusto de Campos traduzira e Caetano Veloso musicara.

6 Ana Cristina Cesar, "Nove Bocas da Nova Musa", art. cit., p. 165. Para uma síntese aprofundada dos traços essenciais da geração *beat* norte-americana, cf. Paula Ramalho de Almeida, *A Intersubjectividade na Poesia de Allen Ginsberg*, Porto, Faculdade de Letras, 1999, esp. pp. 9-18.

Paralelamente, o convívio com as obras de Emily Dickinson, Sylvia Plath e Clarice Lispector determinou de forma decisiva aquele que viria a tornar-se um dos traços mais específicos da sua poesia — um intimismo tenso e intenso, de onde emana uma revelação não raro despudorada do Eu, e que está na base das suas preferências genológicas por registos do tipo diarístico e epistolar (basta lembrar que um dos livros de poesia que publicou em vida se intitula precisamente *Correspondência Completa*). É ainda esta "premência, quase teatral, de ser íntima", para utilizar a descrição de Armando Freitas Filho,[7] que dirige a força fática de grande parte dos versos de Ana Cristina Cesar, onde a perseguição do Interlocutor obedece a uma urgência de preencher o lugar vazio do Outro, tal como a autora clarificou poucos meses antes da sua morte: "Você escreve um diário exatamente porque não tem um confidente, está substituindo um confidente teu. Então você vai escrever um diário para suprir esse interlocutor que está te faltando. [...] Dentro dessa perspectiva do desejo do outro é que queria colocar a minha insistência com o diário".[8] Esta "insistência com o diário" a que Ana Cristina alude em caso algum se deve confundir, todavia, com escrita autobiográfica ou confessionalismo ingênuo, como de resto demonstram os vários momentos de dramatização da subjetividade na sua obra, de que o eco pessoano "Quisera/ dividir o corpo em heterônimos" constitui sem dúvida o exemplo mais emblemático.

Importa, acima de tudo, acentuar que Ana Cristina Cesar estruturou vários poemas a partir dos modelos diarístico e epistolar por considerar diário e carta "o tipo de escrita mais ime-

7 Armando Freitas Filho, "Jogo de cartas", in Ana Cristina Cesar, *Correspondência Incompleta*, *op. cit*, p. 10.

8 "Depoimento de Ana Cristina Cesar no Curso 'Literatura de Mulheres no Brasil'", *Escritos no Rio*, *op. cit.*, pp. 257-258.

diato que a gente tem".[9] Que Ana escrevia literalmente com um corpo não mediado atesta o seu tique de escrevinhar sem lápis ou caneta, num gesto de mão vazia que a levava a percorrer o objeto que estivesse mais próximo — mesa, cadeira, ou, como se num fotograma de Peter Greenaway, o próprio corpo. "Os móveis todos viravam folhas de papel", recorda expressivamente Ítalo Moriconi na biografia da autora.[10] Na sua poesia, este caráter somático da escrita, espécie de *action-writing*, torna-se bem visível no ritmo ofegante e nervoso do verso, no andamento descompassado com que tenta acompanhar a imensa instabilidade cinésica, numa execução surpreendente dessa descarga de energia no verso projetivo que Charles Olson sistematizou em meados dos anos 50, e que tanto regularia a dicção desobstruída da poesia *beat*. Não é de surpreender, neste contexto, que um dos autores mais lidos, apreciados e assimilados por Ana Cristina tenha sido justamente, como por Ginsberg, o poeta americano que modelou em definitivo o verso livre e orgânico, influenciando o modelo teórico de Olson, mas também um conceito como o de "poesia orgânica", que Denise Levertov desenvolveria no seu ensaio "Some Notes on Organic Form".

As declarações de Ana Cristina Cesar são mais do que suficientes para dar conta da presença tutelar de Walt Whitman na sua obra: para além de ter afirmado com clareza que era "muito inspirada pelo Walt Whitman", de o mencionar como "o grande poeta americano do século XIX, ele e a Emily Dickinson", e de assumir uma relação de pele com a sua poesia, "como se ler Whitman significasse tornar-se amante de Whitman", pois "ler *Leaves of Grass* é beijar e ser beijado pelo próprio Whitman", a escritora identifica com precisão o núcleo do seu fascínio, aludindo ao "ritmo febril" do "encantatório verso longo",

---

9 *Idem*, p. 256.
10 *Op. cit.*, p. 75.

para acabar por intuir a ligação com a poesia *beat*, questionando-se numa carta de meados dos anos 70: "Estou enganada ou Allen Ginsberg lembra o ritmo de Walt Whitman e por tabelinha de Álvaro de Campos?".[11] Ora esta retórica da exalação — própria de quem, como Whitman, procura cantar a eletricidade do corpo —, a que a prosa espontânea de Kerouac também seria fiel, foi ainda temperada, nos *beats* e em Ana Cristina, pela estrutura improvisada, elíptica e polifônica do *jazz*, em especial pela batida *bop* de Charlie Parker, Dizzy Gillespie e Thelonius Monk, músicos que Ana ouvia com frequência. No caso concreto da sua poesia, este compósito assente no *sopro* garantiu-lhe acima de tudo o contraponto necessário ao seu verso longo quase prosa, permitindo-lhe exprimir-se de modo fragmentário e descontínuo, com versos sincopados de ritmo abrupto e desconfortável, criando a elocução telegráfica de "raros ritmos curtos" com que deu corpo poemático a esse mesmo fragmentário sentimento do mundo que assolou toda a sua geração. E o *jazz* trouxe ainda algo mais à poesia de Ana Cristina Cesar, porque lhe deu, como dera já ao "corpo impaciente" de Robert Creeley, o tom exato para a execução da *blue note* que repassa toda a sua obra, e que compõe esse "jazz do coração" que os *blues* lhe haviam revelado pelo contrabaixo de Charles Mingus e pela voz "melancólica, miando" de Billie Holliday.[12]

---

11 "Depoimento de Ana Cristina Cesar no Curso 'Literatura de Mulheres no Brasil'", dep. cit., pp. 265-266; "O Rosto, o Corpo, a Voz", *Escritos no Rio*, *op. cit.*, pp. 251-252; Carta a Ana Candida Perez, *Correspondência Incompleta*, *op. cit.*, pp. 197-198.

12 É nestes termos que Ana Cristina inicia uma carta datada de 16 de Setembro de 1976: "Teve um tempo que eu botava Billie Holliday, melancólica, miando, sempre tem um homem distante, ou um triste retorno, e ficava não 'pensando', mas ali no chão no mood de um namorado desde a adolescência [...]; escurece muito de repente, olho pro céu com medo vago — estou de novo no chão, Holiday, *What's new*, *how is the world treating*

Lonesome woman blues.

Destacando-se com nitidez da sua geração abatida, combatida e combativa, Ana Cristina Cesar sobrevive como o mais alto e longínquo dos planetas marginais: sol negro da melancolia moderna, lua azul celestial azul envergando blue jeans, a pair of blue eyes blue as autumn distance, e olheiras invisíveis na luz azul dos seus versos.

Leiam se forem capazes.

Joana Matos Frias

---

you, e sinto de novo a nostalgia de brincar de nostalgia, brincar de terna apaixonada pelo objeto ausente, *I still love you so*" (*Correspondência Incompleta*, *op. cit.*, p. 223).

cronologia*

Waldo Cesar

1952: Rio de Janeiro, 2 de junho. Nasce Ana Cristina Cruz Cesar, filha de Waldo Aranha Lenz Cesar e Maria Luiza Cesar.

Fui para a maternidade logo cedo. Li e escrevi um pouco, até que disseram: chegou, é menina. Maria bem, um pouco cansada. À tarde voltei, mais a avó, o avô e a tia — e vimos a menina que tinha poucas horas. Uma filha... Pensar muito nela e ajudá-la em tudo. Como vai ser? Imagino ela e a mãe muito amigas. Vai ser uma criatura bonita, viva, inteligente. Sou pai. O tempo caminha. [...] *Felicidades, Ana Cristina!* (Do diário de Waldo Cesar.)

1954: Ingressa no "Maternal" do Colégio Bennett (atual Instituto Metodista Bennett), Rio.

1956: Começa a ditar suas poesias para a mãe, caminhando, às vezes aceleradamente, sobre o sofá. As pausas marcavam ritmos, indicando possível mudança de linha.

1961-63: No Colégio Bennett completa o curso primário e o secundário. Funda e dirige o *Jornal Juventude Infantil*, "Jornal escolar e familiar", que recebe elogios por escrito da diretora Iracema França Campos.

---

* A cronologia integra o livro *Correspondência incompleta*, Ana C. Organização de Armando Freitas Filho e Heloisa Buarque de Hollanda. Rio de Janeiro: Aeroplano, 1999. pp. 307-12.

1964: Viagem ao Uruguai (Montevidéu), a primeira ao exterior, com os pais e seu irmão Flavio. De carro, via Curitiba, Caxias do Sul, Porto Alegre, Pelotas, Chuí.

A fronteira entre Brasil e Uruguai é um fosso sujo, onde só há um guarda. (Diário de Ana Cristina.)

1966-67: Após curto período na Igreja Metodista do Catete, Rio, torna-se membro da Igreja Presbiteriana de Ipanema (atual Comunidade Cristã de Ipanema), onde se destaca no trabalho da mocidade e dirige o jornal mensal *Comunidade* (mimeografado). Intensa produção escrita (cadernos, blocos, diários), por vezes com o registro de marca de sua invenção: "Editora Problemas Universais".

1967: Completa o curso ginasial no Colégio Estadual Amaro Cavalcanti, Rio. Oradora da turma.

1969-70: Sob o patrocínio de um programa de intercâmbio da juventude cristã (International Christian Youth Exchange), estuda um ano em Londres, no Richmond School for Girls. Entre cidades e regiões percorridas: País de Gales, Belfast, Dublin, Roma, Florença, Milão, Nice, Cannes, Paris, Amsterdam, Nova York, Boston.

Londres, 19 de setembro, 69 — ... As tuas cartas têm um cheiro paterno que lembra pedra-sabão e uma imperceptível névoa avermelhada.

Londres, 30 de setembro, 69 — Não se desconsole, mas não dá para a gente ir ver Hair, *porque tem filas homéricas e só reservando com 3 meses de antecedência. A não ser que você tenha um pistolão. O Harold Wilson é teu amigo?*

Londres, 13 de outubro, 69 — Mamãe, sinto tua falta. O pai trouxe consolo, amor, desequilíbrio, pensação. Esta Inglaterra me dói às vezes. [...]*Fomos ver* Hair, *estupor, estupendo, fomos ao bairro pobre de Londres (Nothing Hill), voltei com o pai à magnífica St. Paul, e descobri a torre de Londres e a Ponte. É noite de domingo, triste, sendo frio, frio, sendo triste.*

Londres, novembro 69 — ... as cartas vêm em fluxos, entram pelas frinchas como o hálito do frio — fico no meio do Parliament Square olhando o sol que espreita por trás do Big-Ben — as pessoas falam soltando nevoeirinhas, os cachecóis se encaracolam na cidade encapada...

Londres, dezembro 69 — ... estou aqui. O céu se indefine, manhã, vozes, riscos, risos e rabiscos, o rastro do jato, e as faltas mais vivas...

Paris, 30 de julho, 70 — "La rivière que j'ai sous la langue." Como um verso de Éluard, a ilha se expande nas primeiras luzes deste fim de tarde. Um gato atravessa a beirada e rápido entra pelos gradis; que árvores são essas que se debruçam sobre a água como que para escutar melhor? "Les feuilles de couleur dans les arbres nocturnes"... É neste quais d'Anjou que se adormece de lusco-fusco sem começos — o pequeno sol esquecendo ausências implacáveis na mistura de luz e água da cidade: "Fuis à travers le paysage, parmi les branches de fumée e tous les fruit du vent...".

Boston, 26 de agosto, 70 — Estou em Boston, com amigos do Harvey (Harvey Cox, teólogo norte-americano). Hoje vim visitar Harvard: é esta a universidade em que quero estudar. Estou escrevendo na monumental biblioteca.

1970-74: Professora de língua inglesa no Instituto de Cultura Anglo-Brasileira. Monitora (1974) da cadeira de teoria da literatura I no Departamento de Letras da PUC-Rio.

1971: Curso clássico no Colégio de Aplicação da Faculdade Nacional de Filosofia, Rio. Ingressa no curso de letras da Pontifícia Universidade Católica (PUC-Rio).

1971: Professora de português (voluntária) no Curso Artigo 99, Paróquia do Catumbi, Rio.

1972: Viagem de férias até o Paraguai (Assunção), com os pais e os irmãos Flavio e Felipe, de carro, visitando várias cidades. Durante o trajeto, lê D.H. Lawrence. Integra equipe de pesquisa socioeconômica-religiosa da ONG Cenpla — Centro de Estudos, Pesquisa e Planejamento (Rio), na região da Baixada Maranhense (Maranhão). Viagem de carro: Feira de Santana, Juazeiro, Petrolina, Teresina, São Luís. Volta via Fortaleza, Recife/ Olinda, Salvador.

1973: Leciona português no Curso Guimarães Rosa, Rio. Integra equipe do Cenpla em pesquisa entre pequenos proprietários rurais em viagem de carro a várias cidades da Bahia, Pernambuco, Ceará e Maranhão.

1974-79: Professora de língua inglesa na Sociedade Brasileira de Cultura Inglesa, Rio.

1975: Licenciada em letras (português-literatura) pela PUC-Rio.

1975-77: Intensa atividade jornalística e editorial: consultora do Conselho Editorial da Editora Labor; colaboradora da seção cultural do semanário *Opinião* e do Suplemento do Livro do *Jornal do Brasil*; coeditora e colaboradora do jornal *Beijo* (1977); colaboradora eventual, entre outras publicações culturais, do *Correio Brasiliense*, jornal *Versus*, revista *Almanaque*, revista *Alguma poesia*, no caderno Folhetim, da *Folha de S.Paulo*; resenhista de livros para as revistas *Veja*, *IstoÉ* e *Leia Livros*.

1975-82: Intensa atividade como tradutora. Entre outros, traduz três ensaios de Du Sens, de A. J. Greimas (Editora Vozes, Rio, 1975); *El Tarot, o la máquina de imaginar*, de Alberto Cousté (Labor, 1976); *Seven Theories of Human Nature*, de Leslie Stevenson (Labor, 1976); *Hite Report on Male Sexuality*, de Shere Hite (Difel, 1977); poemas de Silvia Plath, para a antologia de poesia norte-americana *Quingumbo* (Ed. Kerry Shaawn Keys, Escritas, 1980); conto "Bliss", de Katherine Mansfield, tradução analisada na tese de mestrado para a Universidade de Essex e publicada na revista *Status-Plus* (São Paulo, jul. 1981); poemas de Emily Dickinson, publicados no Folhetim, da *Folha de S.Paulo*, 1982. Com publicação em 1984: poesia polonesa de Anna Kamienska (A fronteira, Falta de fé, Pietá polonesa) e Czeslaw Milosz (Veni Creator, Rios), em cotradução com Grazyna Drabik, revista *Religião e Sociedade* (Rio, jul. 1984); "Poemas da greve e da guerra", de poetas poloneses, cotradução com Grazyna Drabik, *Cadernos do Iser* (Marco Zero, Rio, 1984).

1976: Poesia e prosa de sua autoria integram a antologia *26 poetas hoje*, coordenada por Heloisa Buarque de Hollanda (Editora Labor, Rio, com 2ª edição em 1998, Aeroplano Editora, Rio).

1976-79: Professora de língua portuguesa e literatura no 2º grau do Instituto Souza Leão e no Colégio Estadual Amaro Cavalcanti, Rio.

1977: Viagem à Argentina (Buenos Aires, Bariloche), Porto Alegre, Brasília.

Brasília, 23/7/77 — Estou mais uma vez sentando no escritório para traduzir Greimas. A paisagem fora lembra Inglaterra: as superquadras lembram um pouco a Ashbernham Rd. Aliás, Brasília tem cheiro de outro país. [...] *Estou começando a entrar na vivência de Brasília e a entender essa estranha deformidade de luxo.*

1978: Pesquisa sobre "A literatura no cinema documentário", projeto financiado pelo Conselho Nacional de Direito Autoral, através da Fundação Nacional de Arte (Funarte), Rio. Como resultado da pesquisa é publicado o livro *Literatura não é documento* (MEC/Funarte, 1980).

1979: Mestre em comunicação pela Escola de Comunicação da Universidade Federal do Rio de Janeiro. Publica *Cenas de abril* (poesia) e *Correspondência completa* (prosa), Rio (edição da autora).

1979-81: Segunda viagem à Inglaterra (bolsa de estudos da Rotary Foundation), com curso na Universidade de Essex. Recebe o título de Master of Arts (M. A.) em Theory and Practice of Literary Translation ("with distinction"). Imprime *Luvas de pelica* (edição da autora, 1980). Viagem à França, Itália, Grécia, Espanha e Holanda. Correspondência intensa para parentes, colegas e amigos.

1981: Retorno ao Brasil (janeiro). É contratada pela Rede Globo de Televisão como analista de textos do Departamento de Análise e Pesquisa.

1982: Lançamento de *A teus pés* (poesia/prosa), no Rio (dezembro,

Livraria Timbre), incluindo inéditos e publicações anteriores (Editora Brasiliense, São Paulo).

1983: Viagem ao Chile (fevereiro), em visita aos pais, então residindo em Santiago, onde visita Vinha del Mar, Valparaiso, Horcones. Em princípios de outubro publica-se a segunda edição de *A teus pés* (Editora Brasiliense). Morre no dia 29 de outubro.

créditos das imagens

O acervo de Ana Cristina Cesar está no Instituto Moreira Salles.

pp. 15 e 43: CESAR, Ana Cristina. *Cenas de abril*. Rio de Janeiro: Edição da Autora, 1979. Capa

pp. 45 e 51: CESAR, Ana Cristina. *Correspondência completa*. Rio de Janeiro: Edição da Autora, 1979.

pp. 53, 127 a 137: Arquivo Ana Cristina / Produção intelectual

p. 75: CESAR, Ana Cristina. *A teus pés*. 4ª ed. São Paulo: Brasiliense, 1997. Capa

p. 125: CESAR, Ana Cristina. *Inéditos e dispersos*. São Paulo: Brasiliense, 1991. Capa

p. 176: Arquivo Ana Cristina Cesar/ Documentos iconográficos / Desenhos

pp. 189, 408 e 410: Arquivo Ana Cristina Cesar / Produção intelectual / Dossiê CAP 1969

p. 214: Arquivo Ana Cristina Cesar / Produção intelectual / Açude inconsolado

p. 250: Arquivo Ana Cristina Cesar / Produção intelectual / descuido não (concentração)

p. 313: CESAR, Ana Cristina / *Antigos e soltos*. Org. Viviana Bosi. São Paulo: IMS, out. 2008

pp. 414 e 418: Arquivo Ana Cristina Cesar / Produção intelectual / Meios de transporte

pp. 332, 338 a 340, 347, 352, 376: Arquivo Ana Cristina Cesar / Produção intelectual / Prontos mas rejeitados

p. 403: Máquina de escrever Consul

p. 412: Arquivo Ana Cristina Cesar / Produção intelectual / Czeslaw Milosz Influência

p. 423: Coleção Ana Cristina Cesar/ Acervo Instituto Moreira Salles

pp. 434, 435 e 437: Armando Freitas Filho/ Reprodução de Bel Pedrosa

p. 438: Carlos Drummond de Andrade/ © Graña Drummond/ www.carlosdrummond.com.br

índice de títulos e primeiros versos

1ª EDIÇÃO [2013] 9 reimpressões

ESTA OBRA FOI COMPOSTA POR ACOMTE EM ARNHEM PRO
E IMPRESSA PELA GEOGRÁFICA EM OFSETE SOBRE PAPEL PÓLEN DA
SUZANO S.A. PARA A EDITORA SCHWARCZ EM JUNHO DE 2024